K.H. Grünauer

Geschichte - Quiz Mittelalter

Hinweis:
Die für das Geschichte-Quiz zusammengestellte Fragen sind abgestimmt auf folgende im pb-Verlag Puchheim erschienenen Fachpublikationen:

S. Marc und G. Stuckert (Hrsg.)
Stundenbilder für die Sekundarstufe
Mittelalter
Stundenskizzen - Tafelbilder - Arbeitsblätter - Folienvorlagen (Puchheim 1994)

Folien zu den Stundenbildern
Mittelalter (Puchheim 1995)

Karl-Hans Grünauer
Geschichten aus der Geschichte - Zeitzeugen berichten
Mittelalter
Arbeitstexte und Folienvorlagen (Puchheim 1995)

umweltfreundlich
auf chlorfreiem Papier

ISBN 3-89291-**811**-2

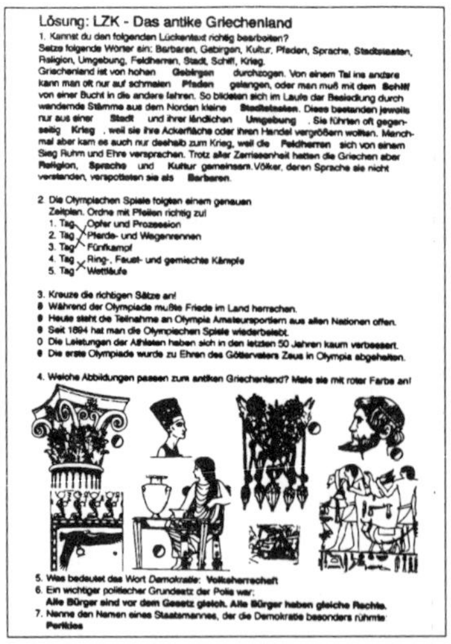

Inhaltsübersicht:

Einführung
Was ist Geschichte?

STEIN- UND METALLZEIT

1. Funde geben Auskunft über das Vergangene
2. Die Zeit der Neandertaler
3. Altsteinzeit - Der Mensch als Jäger und Sammler
4. Die Menschen in der Jungsteinzeit
5. Die Metallzeit
6. Wir vergleichen Stein- und Metallzeit

ÄGYPTISCHE HOCHKULTUR

1. Ägypten ist ein Geschenk des Nils
2. Die Pyramiden
3. Der Autor des ägyptischen Staates
4. Kunstgeschichte Ägyptens

GRIECHISCHE DEMOKRATIE UND KULTER

1. Alltagsleben im antiken Athen
2. Demokratie - das Volk herrscht
3. Neue Vernunft als Grundlage der Wissenschaft
4. Die Olypischen Spiele
5. Erziehung in Athen und Sparta
6. Griechische Kunst
7. Alexander der Große
8. Große griechische Figuren der Antike
9. Wissenswertes über Griechenland

DAS RÖMISCHE REICH

1. So entstand das römische Weltreich
2. Rom und Karthago
3. Verwaltung und Sicherung des Römischen Reiches
4. Die Römer-Meister der Technik
5. Gajus Julius Caesar (100v. Chr.-44 v. Chr.)
6. Kaiser Augustus (63 v. Chr.-14 n. Chr.)
7. Sklaven-Gladiatoren-Christenverfolgung
8. Römische Herrschaft und Kultur in Deutschl.
9. Völkerwanderung und der Untergang Roms
10. Kaiser Konstantin (324-337 n. Chr.)

Geschichte Quiz
Nr. 810 *86* **Seiten DM 26,80**

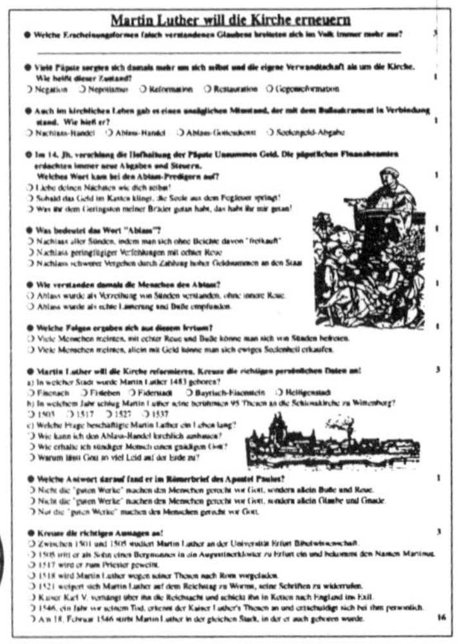

Inhaltsübersicht:

1. Die Erfindung des Buchdrucks
2. Christoph Kolumbus entdeckt die neue Welt
3. Die großen Entdeckungsreisen
4. Eroberungszüge in der neuen Welt
5. Ein neues Weltbild entsteht
6. Renaissance und Humanismus
7. Martin Luther will die Kirche erneuern
8. Martin Luther verteidigt seine Lehre
9. Der Bauernkrieg von 1525
10. Der Augsburger Religionsfriede von 1555
11. Ignatius von Loyola und die Gegenreformation
12. Der Dreißigjährige Krieg (1618-1648)
13. Der Dreißigjährige Krieg und die Folgen
15. Die Wirtschaftsform des Merkantilismus
16. Barock und Rokoko
17. Friedrich der Große
18. Unabhängigkeitsbestrebungen in Englands Kolonien
19. Die Geburtsstunde der USA
20. Wie werden die Vereinigten Staaten von Amerika regiert?
21. Am Vorabend der Französischen Revolution
22. Die Französische Revolution
23. Die Revolution entartet zur Schreckensherrschaft
24. Wer war Napoleon?
25. Napoleon beherrscht fast ganz Europa
26. Aufstieg und Fall Napoleons
27. Der Wiener Kongress und die Restauration Europas

Geschichte Quiz
Nr. 812 *59* **Seiten DM 23,80**

Über den Inhalt:

Mit dem Titel: Geschichte aus der Geschichte - Zeitzeugen erzählen versucht der pb-Verlag allen Lehrkräften, die einer schülerorientierten Lehrerzählung und der erlebnisbetonten Komponente des Geschichtsunterrichts größeres Gewicht beimessen, eine adäquate kleine Unterrichtshilfe anzubieten.
In diesem Band werden exemplarisch die Themenbereiche **-Die zeitliche Dimension der Geschichte - Stein- und Metallzeit - Ägyptische Hochkultur - Griechische Demokratie und Kultur - Das Römische Weltreich** behandelt.

Geschichte Zeitz. erzählen Bd. I
Nr. 816 *84* **Seiten DM 25,80**

Über den Inhalt:

Mit dem Titel: Geschichte aus der Geschichte - Zeitzeugen erzählen versucht der pb-Verlag allen Lehrkräften, die einer schülerorientierten Lehrerzählung und der erlebnisbetonten Komponente des Geschichtsunterrichts größeres Gewicht beimessen, eine adäquate kleine Unterrichtshilfe anzubieten.
In diesem Band werden exemplarisch die Themenbereiche **-Politische Ordnung im Mittelalter - Bäuerliche, mönchische, ritterliche und bürgerliche Lebensformen** behandelt.

Geschichte Zeitz. erzählen Bd. II
Nr. 817 *78* **Seiten DM 25,80**

Vorwort

Mit dem **Geschichte-Quiz** wollen wir einem „trockenen" und nur auf Jahreszahlen bezogenen Abfragen von Geschichtswissen entgegenwirken und eine Sammlung von Fragen zum Geschichtsstoff über das Mittelalter vorstellen, die aufgelockert und variabel gestaltet ist.
Insgesamt 30 Lernziel-Kontrollen im Din-A 4 - Format mit den unterschiedlichsten Fragen zum Lernstoff des Mittelalters bieten dem Schüler genügend Möglichkeiten, sich mit der Vergangenheit auseinander zu setzen und das gelernte Wissen anzuwenden. Dabei sind die Fragestellungen pro Blatt in ihrer äußeren Form bewusst locker und leicht aufbereitet, in ihrem Anspruchsniveau aber vielfältig und lernzielorientiert zusammengestellt. In der Lernsache selbst ist der Stoff jedoch fachspezifisch strukturiert und thematisiert, kommt aber dem Schüler durch die umfangreiche Bebilderung und der Art des abwechslungsreichen Abfragens entgegen.
Ob kleine Rätsel oder Wörtersalat, Pfeil- und Bildzuordnungen, Ankreuz- oder Wegstreichaufgaben, ob Lückentext oder Lügengeschichte - hier sollte das Prüfen des Geschichtsstoffes Spaß machen! Nicht allein Zahlen oder Namen, sondern vielmehr Zusammenhänge und geschichtliches Verständnis, Wertung und Einfühlungsvermögen stehen im Vordergrund.
Das **Geschichte-Quiz** des pb-Verlages ist im Unterricht methodisch-didaktisch vielseitig einsetzbar: Sie können die Arbeitsblätter als Lernziel-Kontrolle oder Kurz-Probe, zur Sicherung des Stundenstoffes, als Ergänzung zur Hausaufgabe oder als Wiederholung verwenden. Ebenso denkbar ist bei Bedarf ein Einsatz in der Freiarbeit, für Einzel-, Partner- und Gruppenarbeit, auch innerhalb differenzierender Methoden; auch als Übung, Vertiefung und Transfer ist der jeweilige Fragenkatalog verwendbar.
Wie Sie schon dem Inhaltsverzeichnis entnehmen können, sind die Test-Titel klar strukturiert und jeweils den wichtigsten Zentralthemen in den Lehrplänen zugeordnet. Die Punktzahlen ergeben abschließend eine Gesamtquote (am Symbolbild Burg), aus der sich die endgültige Beurteilung ergibt. Die angegebenen Punkteschlüssel verstehen sich als Richtschnur, können / sollen nach Interessenlage und Lernniveau der individuellen Klassensituation entsprechend angepasst werden.
In Form einer Lernkartei (zum Beispiel in Klarsichtfolie als Mappengeheft) können sich die Schülerinnen und Schüler auch gegenseitig abfragen. Und sie können, den Bewertungsschlüssel beigegeben, selbst ihre Leistungen einschätzen und ggf. beurteilen.

Wir wünschen Ihnen und Ihrer Klasse
viel Freude mit unserem **Geschichte-Quiz** !

Wörthsee, im Juni 1998 pb-Verlag Puchheim und Autor

Inhaltsverzeichnis

		Seite
1.	Christianisierung germanischer Stämme	5
2.	Karl der Große und sein Reich	7
3.	Wer war Karl der Große?	9
4.	Lehnswesen und Grundherrschaft	11
5.	Die Entstehung von Städten im 10. Jh.	13
6.	Die Entstehung des Deutschen Reiches unter Otto dem Großen	15
7.	Der romanische Baustil	17
8.	Der Streit zwischen Kaiser und Papst	19
9.	Die Kreuzzüge	21
10.	Kaiser Friedrich Barbarossa	23
11.	Der Deutschritterorden	25
12.	Das Rittertum	27
13.	Von Burgen, Rittern und Turnieren	29
14.	Die Klöster, Pflegestätten mittelalterlicher Kultur	31
15.	Die Landwirtschaft im Mittelalter	33
16.	Marktordnung und Zunftleben	35
17.	Krankheit und Not	37
18.	Rechtsprechung im Mittelalter	39
19.	Die Hanse als Vereinigung deutscher Fernkaufleute	41
20.	Die Fugger als reiches Kaufmannsgeschlecht	43
21.	Der gotische Baustil	45
22.	Volksfrömmigkeit und Kirche im Spätmittelalter	47
23.	Neues Wissen und Buchdruck	49
24.	Das neue Weltbild in der Renaissance	51
25.	Wissenswertes über das Mittelalter	53
26.	Kreuz und quer durchs Mittelalter	55
27.	Kennst du dich im Mittelalter aus?	57
28.	Bilder-Quiz	59
29.	Bildwort - Wortbild	61
	Punkte - Skala	63
	Literaturverzeichnis	64

Christianisierung germanischer Stämme

❶ Nachweislich im ausgehenden 3. Jahrhundert gab es auf deutschem Boden eine Bischofsgemeinde. Sie war in 1

❍ Köln ❍ Trier ❍ Münster ❍ Fulda ❍ München-Freising ❍ Mainz

❷ Warum war die Missionierung der germanischen und slawischen Stämme so schwierig? 2

❍ Es gab für die Missionare unüberwindliche Sümpfe und undurchdringliche Wälder.

❍ Die Sprache in Ober- und Niedergermanien war völlig verschieden, es herrschten viele Mundarten vor.

❍ Die meisten Germanenstämme waren längst der jüdischen Religion zugetan.

❸ Keltische Mönche aus Irland und Schottland unternahmen bereits im 7. Jahrhundert die ersten Missionsreisen nach Bayern. Ordne richtig mit Pfeilen zu: 7

Gallus	Freising
Kilian	Würzburg
Korbinian	St. Gallen
Willibald	Salzburg
Rupert	Regensburg
Emmeran	Eichstätt
Magnus	Füssen

❹ Kannst du die fehlenden Lückenwörter finden? 5

__________ stammte aus einer edlen angelsächsischen Familie. Von irischen Glaubensboten zum ____________________ bekehrt, wurde er schon in jungen Jahren ___________ . Mit 36 Jahren kam er nach Deutschland. Zuerst predigte er den __________ die christliche Lehre. Später missionierte er in ____________ .

❺ Kannst du den Wortsalat entziffern? 3

- geweiht - Er -Bischof - pilgerte - zum - auch - und - nach - aufgenommen - Rom - freundlich - wurde - Papst - vom

____

____

❻ Welchen Auftrag erhielt Bonifatius vom Papst? 4

____

____

❼ Mit welcher Aktion wurde Bonifatius bekannt? 2

____

❽ Stimmen diese Sätze? Kreuze die richtigen an! 4

❍ Überall, wo Bonifatius den neuen Glauben verkündete, baute er Klöster und setzte Priester ein.

❍ Für größere Kirchen bestellte er Bischöfe, denen er Priester und Klöster der ganzen Gegend unterstellte.

❍ Bonifatius selbst übernahm als Erzbischof von Fulda die Gesamtleitung der deutschen Bistümer.

❍ Bonifatius wurde der Titel „Apostel der Deutschen" zugesprochen.

❍ Bonifatius erlitt 754 im Alter von 70 Jahren den Märtyrertod.

28

Lösung: Christianisierung germanischer Stämme

➊ Nachweislich im ausgehenden 3. Jahrhundert gab es auf deutschem Boden eine Bischofsgemeinde. Sie war in

❍ Köln ● Trier ❍ Münster ❍ Fulda ❍ München-Freising ❍ Mainz

➋ Warum war die Missionierung der germanischen und slawischen Stämme so schwierig?

● Es gab für die Missionare unüberwindliche Sümpfe und undurchdringliche Wälder.
● Die Sprache in Ober- und Niedergermanien war völlig verschieden, es herrschten viele Mundarten vor.
❍ Die meisten Germanenstämme waren längst der jüdischen Religion zugetan.

➌ Keltische Mönche aus Irland und Schottland unternahmen bereits im 7. Jahrhundert die ersten Missionsreisen nach Bayern. Ordne richtig mit Pfeilen zu:

Gallus	Freising
Kilian	Würzburg
Korbinian	St. Gallen
Willibald	Salzburg
Rupert	Regensburg
Emmeran	Eichstätt
Magnus	Füssen

➍ Kannst du die fehlenden Lückenwörter finden?

Bonifatius stammte aus einer edlen angelsächsischen Familie. Von irischen Glaubensboten zum ***Christentum*** bekehrt, wurde er schon in jungen Jahren ***Mönch***. Mit 36 Jahren kam er nach Deutschland. Zuerst predigte er den ***Friesen*** die christliche Lehre. Später missionierte er in ***Hessen***.

➎ Kannst du den Wortsalat entziffern?

- geweiht - Er -Bischof - pilgerte - zum - auch - und - nach - aufgenommen - Rom - freundlich - wurde - Papst - vom

Er pilgerte auch nach Rom, wurde vom Papst freundlich aufgenommen und zum Bischof geweiht.

➏ Welchen Auftrag erhielt Bonifatius vom Papst?

Er erhielt den Auftrag, alle Heiden, die sich taufen ließen, zum Gehorsam gegen den Papst zu verpflichten. So sollte die Einheit der Kirche erhalten werden.

➐ Mit welcher Aktion wurde Bonifatius bekannt?

Er fällte bei Fritzlar in Hessen die Donareiche.

➑ Stimmen diese Sätze? Kreuze die richtigen an!

● Überall, wo Bonifatius den neuen Glauben verkündete, baute er Klöster und setzte Priester ein.
● Für größere Kirchen bestellte er Bischöfe, denen er Priester und Klöster der ganzen Gegend unterstellte.
❍ Bonifatius selbst übernahm als Erzbischof von Fulda die Gesamtleitung der deutschen Bistümer.
● Bonifatius wurde der Titel „Apostel der Deutschen“ zugesprochen.
● Bonifatius erlitt 754 im Alter von 70 Jahren den Märtyrertod.

Karl der Große und sein Reich

❶ Karl führte fast dreißig Jahre einen erbitterten Krieg gegen einen heidnischen deutschen Volksstamm. Das waren die 1

❍ Bajuwaren ❍ Sachsen ❍ Awaren ❍ Thüringer ❍ Hessen ❍ Hunnen

❷ Stimmen diese Sätze? Kreuze die richtigen an! 2

❍ Karl schützte sein Frankenreich durch Marken, befestigte Grenzländer, in denen ein tüchtiger Markgraf für die Sicherheit der Bewohner verantwortlich war.

❍ Karl erteilte seine Befehle auf den Gebieten der Verwaltung, des Rechtswesens und der Verteidigung an die Gaugrafen.

❍ Karl ließ die Verwaltung durch Königsboten überwachen. Es waren immer zwei weltliche Beamte und ein Geistlicher.

❸ Trage in das Schaubild folgende Begriffe richtig ein: 6

Bauern-Krieger, Bauern und Krieger, Königsboten, Markgrafen, Gaugrafen, König

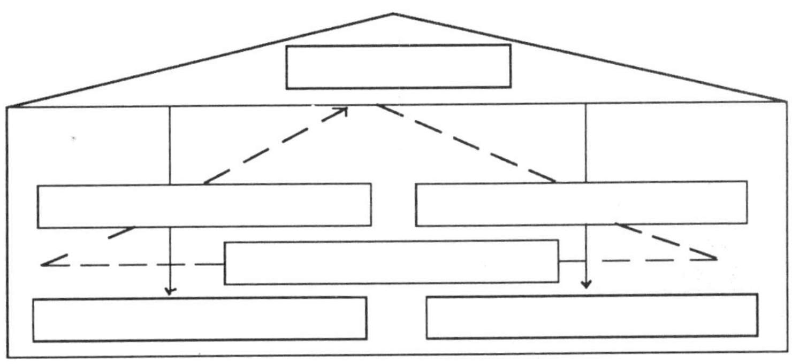

❹ Was versteht man unter Dreifelderwirtschaft, eine wichtige Einführung Karls ? 4

a) Ackerland: ______________________________

b) Teil 1: ______________________________

c) Teil 2 und 3: ______________________________

d) Ziel: ______________________________

❺ Nach langjährigen Kriegen vereinigte Karl folgende Gebiete in seinem Reich: 3

❍ Herzogtum Bayern ❍ Thüringen

❍ Sachsen ❍ Niederbayern

❍ Franken und Schwaben ❍ Oberbayern

❍ Altbayern ❍ Tirol

❻ Karl und Tassilo von Bayern. Findest du die falschen Wörter im Text? Unterstreiche! 6

Die Awaren, ein wildes Reitervolk aus den Steppen Asiens, hatten in Rumänien ein großes Reich gegründet. Von dort aus drangen sie immer weiter nach Westen vor und bedrohten auch Bayern. Lange Zeit wehrte der Bayernherzog Tassilo diese Angriffe ab König Karl wusste das und hielt deshalb zu Tassilo, obwohl er ihm nicht ganz traute. Tassilo hatte schon mehrfach versucht, sein Gebiet von der fränkischen Herrschaft zu befreien.

Tassilo hatte als junger Mann Karls Vater Karl Martell den Treueeid geschworen, den König aber auf einem Kriegszug eigenmächtig verlassen. Als Tassilo offenkundig zu den Gegnern Karls hielt, ließ ihn der König auf dem Reichstag zu Ingelheim im Jahre 788 verhaften. Tassilo wurde wegen Fahnenflucht und Landesverrat zum Tode verurteilt, dann aber zu lebenslanger Klosterhaft begnadigt.

22

Lösung: Karl der Große und sein Reich

❶ Karl führte fast dreißig Jahre einen erbitterten Krieg gegen einen heidnischen deutschen Volksstamm. Das waren die

❍ Bajuwaren ● Sachsen ❍ Awaren ❍ Thüringer ❍ Hessen ❍ Hunnen

❷ Stimmen diese Sätze? Kreuze die richtigen an!

● Karl schützte sein Frankenreich durch Marken, befestigte Grenzländer, in denen ein tüchtiger Markgraf für die Sicherheit der Bewohner verantwortlich war.

● Karl erteilte seine Befehle auf den Gebieten der Verwaltung, des Rechtswesens und der Verteidigung an die Gaugrafen.

❍ Karl ließ die Verwaltung durch Königsboten überwachen. Es waren immer zwei weltliche Beamte und ein Geistlicher.

❸ Trage in das Schaubild folgende Begriffe richtig ein:

Bauern-Krieger, Bauern und Krieger, Königsboten, Markgrafen, Gaugrafen, König

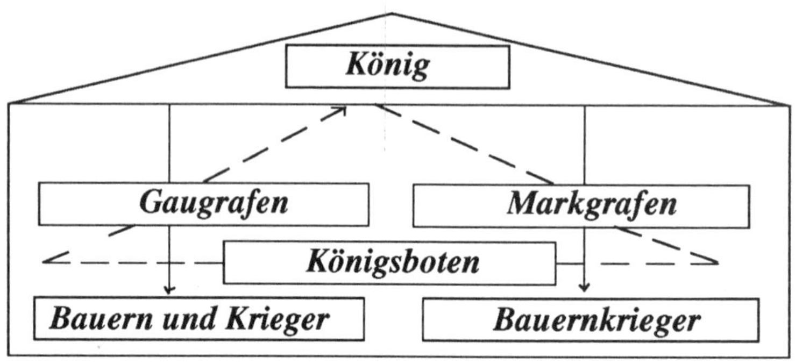

❹ Was versteht man unter Dreifelderwirtschaft, eine wichtige Einführung Karls ?

a) Ackerland: *Das Ackerland der Genossenschaft wurde in drei Teile geteilt.*

b) Teil 1: *Jährlich abwechselnd lag ein Teil brach.*

c) Teil 2 und 3: *Auf den beiden anderen wurde Sommer- oder Winterfrucht angebaut.*

d) Ziel: *bessere Bodenausnutzung und höhere Erträge!*

❺ Nach langjährigen Kriegen vereinigte Karl folgende Gebiete in seinem Reich:

● Herzogtum Bayern ❍ Thüringen

● Sachsen ❍ Niederbayern

● Franken und Schwaben ❍ Oberbayern

❍ Altbayern ❍ Tirol

❻ Karl und Tassilo von Bayern. Findest du die falschen Wörter im Text? Unterstreiche!

Die Awaren, ein wildes Reitervolk aus den Steppen Asiens, hatten in Rumänien ein großes Reich gegründet. Von dort aus drangen sie immer weiter nach Westen vor und bedrohten auch Bayern. Lange Zeit wehrte der Bayernherzog Tassilo diese Angriffe ab König Karl wusste das und hielt deshalb zu Tassilo, obwohl er ihm nicht ganz traute. Tassilo hatte schon mehrfach versucht, sein Gebiet von der fränkischen Herrschaft zu befreien.

Tassilo hatte als junger Mann Karls Vater Karl Martell den Treueeid geschworen, den König aber auf einem Kriegszug eigenmächtig verlassen. Als Tassilo offenkundig zu den Gegnern Karls hielt, ließ ihn der König auf dem Reichstag zu Ingelheim im Jahre 788 verhaften. Tassilo wurde wegen Fahnenflucht und Landesverrat zum Tode verurteilt, dann aber zu lebenslanger Klosterhaft begnadigt.

Wer war Karl der Große?

❶ Stimmen diese Aussagen ? Kreuze die richtigen an! 4

❍ Karl der Große war der erste „Römische Kaiser“ des Mittelalters.
❍ Als Kaiser von „Gottes Gnaden“ wurde er wie ein Gott verehrt.
❍ Er war der oberste weltliche Schutzherr der gesamten Christenheit.
❍ Mit der Kaiserkrönung löste sich die enge Verbindung des karolingischen Herrscherhauses mit Rom.
❍ Papst Leo III. erhoffte sich durch die Krönung Karls eine gefestigte Position in Rom gegen den dortigen Adel.
❍ Karl baute stetig das Frankenreich aus, das zu seinen Lebzeiten einem europäischen Großreich glich.

❷ Die Kriegszüge Karl des Großen während seiner Regierungszeit von 768 bis 814 nach Chr.: 10

18 gegen die S ___________
7 gegen die A ________ in Spanien
5 gegen die L ________________
5 gegen S ________________
5 gegen die A ________________
4 gegen die S ________________
3 gegen die N ________________
2 gegen die B ________________
je 1 gegen T__________ und B___________

❸ Karls Lehrer und Freund Einhard beschrieb den Herrscher. Was ist falsch? Unterstreiche! 5

„Er war von breitem und kräftigem Körperbau, kleiner Größe, die jedoch das richtige Maß nicht überschritt ... Er hatte rote Haare und ein freundliches, heiteres Gesicht. So bot seine Gestalt eine höchst würdige und stattliche Erscheinung. Er hatte einen festen Gang, eine durchaus männliche Haltung des Körpers und eine helle Stimme, die jedoch zu der ganzen Gestalt nicht recht passen wollte. Selten übte er sich im Reiten und Jagen, wie es die Sitte seines Volkes war. Er kleidete sich auch selten nach vaterländischer, nämlich fränkischer Weise, lieber trug er ausländische, meist römische Kleidung. Karl verabscheute Trunkenheit und versuchte, mäßig zu essen, was ihm nicht immer gelang.“

❹ Welche Sätze stimmen? Kreuze an! 4

❍ Die Macht des Königs beruhte auf einem Netz von Lehen an weltliche Vasallen.
❍ Die Macht des Königs beruhte auf einem Netz von Lehen an kirchliche Vasallen.
❍ Die Macht des Königs beruhte auf einem Netz von Lehen an weltliche und kirchliche Vasallen.

❍ Die Kronvasallen banden an sich Ritter, die gegen Lehen Kriegsdienst leisteten.
❍ Die Kronvasallen banden an sich Bauern, die gegen Lehen Kriegsdienst leisteten.
❍ Die Kronvasallen banden an sich Adelige, die gegen Lehen Kriegsdienst leisteten.

❍ Karl verwaltete sein Reich von der Hauptstadt Aachen aus.
❍ Karl verwaltete sein Reich von Königspfalzen aus.
❍ Karl verwaltete sein Reich auf ständigen Kontrollzügen.

❍ Karl der Große wurde ❍ 795 nach Chr. ❍ 800 nach Chr. ❍ 850 nach Chr. in Rom zum Kaiser gekrönt.

23

Lösung: Wer war Karl der Große?

❶ Stimmen diese Aussagen ? Kreuze die richtigen an!

● Karl der Große war der erste „Römische Kaiser“ des Mittelalters.
● Als Kaiser von „Gottes Gnaden“ wurde er wie ein Gott verehrt.
● Er war der oberste weltliche Schutzherr der gesamten Christenheit.
○ Mit der Kaiserkrönung löste sich die enge Verbindung des karolingischen Herrscherhauses mit Rom.
● Papst Leo III. erhoffte sich durch die Krönung Karls eine gefestigte Position in Rom gegen den dortigen Adel.
○ Karl baute stetig das Frankenreich aus, das zu seinen Lebzeiten einem europäischen Großreich glich.

❷ Die Kriegszüge Karl des Großen während seiner Regierungszeit von 768 bis 814 nach Chr.:

18 gegen die S ***achsen***
7 gegen die A ***raber*** in Spanien
5 gegen die L ***angobarden***
5 gegen S ***üditalien***
5 gegen die A ***waren***
4 gegen die S ***lawen***
3 gegen die N ***ormannen***
2 gegen die B ***retonen***
je 1 gegen T ***hüringer*** und B ***ayern***

❸ Karls Lehrer und Freund Einhard beschrieb den Herrscher. Was ist falsch? Unterstreiche!

„Er war von breitem und kräftigem Körperbau, <u>kleiner Größe</u>, die jedoch das richtige Maß nicht überschritt ... Er hatte <u>rote Haare</u> und ein freundliches, heiteres Gesicht. So bot seine Gestalt eine höchst würdige und stattliche Erscheinung. Er hatte einen festen Gang, eine durchaus männliche Haltung des Körpers und eine helle Stimme, die jedoch zu der ganzen Gestalt nicht recht passen wollte. <u>Selten übte er sich im Reiten und Jagen</u>, wie es die Sitte seines Volkes war. <u>Er kleidete sich auch selten nach vaterländischer, nämlich fränkischer Weise, lieber trug er ausländische, meist römische Kleidung</u>. Karl verabscheute Trunkenheit und versuchte, mäßig zu essen, was ihm nicht immer gelang.“

❹ Welche Sätze stimmen? Kreuze an!

○ Die Macht des Königs beruhte auf einem Netz von Lehen an weltliche Vasallen.
○ Die Macht des Königs beruhte auf einem Netz von Lehen an kirchliche Vasallen.
● Die Macht des Königs beruhte auf einem Netz von Lehen an weltliche und kirchliche Vasallen.

● Die Kronvasallen banden an sich Ritter, die gegen Lehen Kriegsdienst leisteten.
○ Die Kronvasallen banden an sich Bauern, die gegen Lehen Kriegsdienst leisteten.
○ Die Kronvasallen banden an sich Adelige, die gegen Lehen Kriegsdienst leisteten.

○ Karl verwaltete sein Reich von der Hauptstadt Aachen aus.
● Karl verwaltete sein Reich von Königspfalzen aus.
○ Karl verwaltete sein Reich auf ständigen Kontrollzügen.

○ Karl der Große wurde ○ 795 nach Chr. ● 800 nach Chr. ○ 850 nach Chr. in Rom zum Kaiser gekrönt.

Lehnswesen und Grundherrschaft

❶ Die größten Grundbesitzer im Mittelalter waren ... 2

❍ König ❍ Bauern ❍ Adelige ❍ Kirche

❷ Lückentext - Finde die passenden Wörter! 6

Die__________hatten um 400 das Land zwischen Atlantik und Rhein in Besitz genommen. Der König betrachtete es als sein ______________ . Es wurde in __________________ eingeteilt und von ___________ verwaltet . Auch die __________ erhielt von den _____________ Königen viel Land geschenkt.

❸ In den Zeiten während und nach der Völkerwanderung brauchte der König eine treue Gefolgschaft: 3

Für seine Truppen brauchte er: ____________________________

Für die Verwaltung der eroberten Gebiete brauchte er: ____________________________

❹ Was war der Lohn für die Ministerialen des Königs ? 1

❍ reichlich Geld ❍ Schutz des Königs ❍ Pension und Rente ❍ freie Kost

❺ Stimmen diese Aussagen? Kreuze die richtigen an ! 3

❍ Die vom König zu Rittern geschlagenen Gefolgsleute hießen Vasallen.
❍ Die Vasallen traten gleichberechtigt neben die Angehörigen der alten Adelsgeschlechter.
❍ So entstand neben dem Geburtsadel der Dienstadel.
❍ Der König übergab seinen Vasallen zum Dank wertvolle Schätze und Kunstwerke.

❻ Warum vergab Karl der Große Land nur noch als Leihgabe (Lehen)? 2

____

____

❼ Ordne die Begriffe mit Pfeilen zu ! 2

König Lehnsmann
Vasall Lehnsherr

❽ Konnten Obervasallen ihr Lehen an Untervasallen und Gefolgsmänner weitergeben ? 2

❍ ja ❍ nein

❾ Lehen heißt lateinisch „feodum“. Daraus entstand auch der Name: sumlisdaeuf
Ordne die Buchstaben richtig! ____________________________

❿ Bezog sich ein Lehen nur auf Grund und Boden ? Nenne zwei weitere Beispiele ! 3

____

____

11. **Später entwickelte sich Grundherrschaft und Lehnswesen zu einem buntscheckigen Bild von Eigentum. Was war geschehen ?** 4

____

____

____

____

28

Lösung: Lehnswesen und Grundherrschaft

❶ Die größten Grundbesitzer im Mittelalter waren ...

● König ❍ Bauern ❍ Adelige ● Kirche

❷ Lückentext - Finde die passenden Wörter!

Die ***Franken*** hatten um 400 das Land zwischen Atlantik und Rhein in Besitz genommen. Der König betrachtete es als sein ***Eigentum***. Es wurde in ***Gaugrafschaften*** eingeteilt und von ***Adeligen*** verwaltet . Auch die ***Kirche*** erhielt von den ***fränkischen*** Königen viel Land geschenkt.

❸ In den Zeiten während und nach der Völkerwanderung brauchte der König eine treue Gefolgschaft:

Für seine Truppen brauchte er: ***Ritter und Anführer***

Für die Verwaltung der eroberten Gebiete brauchte er: ***königstreue Beamte***

❹ Was war der Lohn für die Ministerialen des Königs ?

❍ reichlich Geld ● Schutz des Königs ❍ Pension und Rente ❍ freie Kost

❺ Stimmen diese Aussagen? Kreuze die richtigen an !

● Die vom König zu Rittern geschlagenen Gefolgsleute hießen Vasallen.

● Die Vasallen traten gleichberechtigt neben die Angehörigen der alten Adelsgeschlechter.

● So entstand neben dem Geburtsadel der Dienstadel.

❍ Der König übergab seinen Vasallen zum Dank wertvolle Schätze und Kunstwerke.

❻ Warum vergab Karl der Große Land nur noch als Leihgabe (Lehen)?

Die obersten Vasallen hatten fast so viel Land (und Macht) wie der König.

Im Todesfall oder bei Untreue konnte das Lehen zurückgefordert werden.

❼ Ordne die Begriffe mit Pfeilen zu !

König ╳ Lehnsmann

Vasall ╳ Lehnsherr

(König – Lehnsherr; Vasall – Lehnsmann)

❽ Konnten Obervasallen ihr Lehen an Untervasallen und Gefolgsmänner weitergeben ?

● ja ❍ nein

❾ Lehen heißt lateinisch „feodum". Daraus entstand auch der Name: sumlisdaeuf

Ordne die Buchstaben richtig! ***Feudalismus***

❿ Bezog sich ein Lehen nur auf Grund und Boden ? Nenne zwei weitere Beispiele !

Rechte und Privilegien (z.B. Fischerei-Rechte)

Steuereinnahmen (z.B. Nutzung von Wald)

11. **Später entwickelte sich Grundherrschaft und Lehnswesen zu einem buntscheckigen Bild von Eigentum. Was war geschehen ?**

Lehen wurden erblich.

Lehen gingen mehr und mehr in das Eigentum der Lehnsträger über.

Lehen wurden bei Eheschließung als Mitgift gegeben.

Lehen wurden bei Erbteilungen willkürlich zerrissen.

Die Entstehung von Städten im 10. Jh. (Burg - Bürger)

❶ In Deutschland entstanden Städte in großer Zahl 4

❍ nach 800 ❍ nach 1.000 ❍ nach 1200 ❍ nach 1400

❷ In der Stadt gab es drei zahlenmäßig starke und zum Teil auch politisch einflussreiche Gruppen. Kreuze diese richtig an!

❍ Adelige ❍ Geistliche ❍ Bürger ❍ Ackerbürger
❍ Landsknechte ❍ Kaufleute ❍ Handwerker ❍ Bauern

❸ Wer wählte in der Stadt den Bürgermeister und den Stadtrat? 2

____

❹ Ein Ackerbürger ist ... 1

❍ ein Bauer, der viel eigenes Land besitzt
❍ ein Stadtbürger, der mindestens zwei Äcker besitzt
❍ ein Stadtbürger, der seinen Lebensunterhalt mit Landwirtschaft verdient
❍ ein Burgbewohner, der für die Bearbeitung der Äcker zuständig ist
❍ ein Stadtbürger, dessen Bürgerrecht von seinem Grundbesitz abhängt

❺ Kannst du die Skizze richtig beschriften? Trage sechs Begriffe ein! 7

________________ ________________
________________ ▷ Markt ◁ ________________
________________ ________________

❻ Das Schaubild zeigt dir die Anteile der Stadtbevölkerung. Trage die Namen der Bevölkerungsgruppen ein! 3

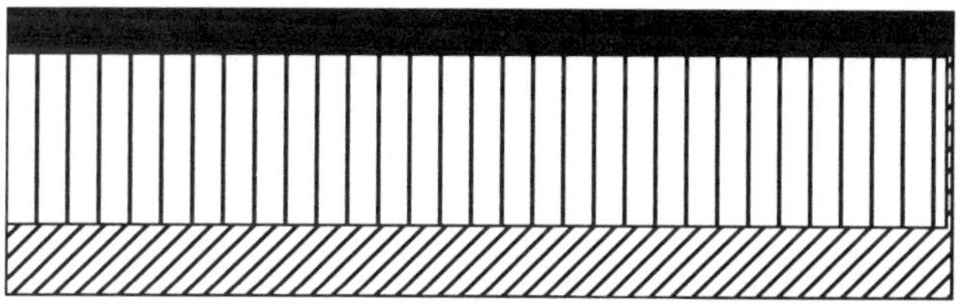

K ________________

H ________________

A ________________

❼ Worin unterscheidet sich die Stadt vom Dorf? Nenne drei Beispiele! 3

____

❽ Welches der drei Kennzeichen einer Stadt bezieht sich auf Bürgermeister, Stadtrat und Rathaus? 1

____

❾ Stimmen diese Aussagen. Kreuze die richtigen an! 2

❍ Kaufleute und Handwerker wählten den Bürgermeister und den Stadtrat, von denen die Stadt verwaltet wurde.
❍ Die Städte lehnten eine Modernisierung der Wirtschaft ab.
❍ Die Städte wünschten eine Spezialisierung der Produkte, die die Handwerker herstellten.
❍ Die Städte waren an einer Erweiterung des Handels interessiert.
❍ Die Städte förderten die Ablösung der Naturalwirtschaft durch die Geldwirtschaft.

23

Lösung: Die Entstehung von Städten im 10. Jahrhundert

❶ In Deutschland entstanden Städte in großer Zahl

○ nach 800 ● nach 1.000 ○ nach 1200 ○ nach 1400

❷ In der Stadt gab es drei zahlenmäßig starke und zum Teil auch politisch einflussreiche Gruppen. Kreuze diese richtig an!

○ Adelige ○ Geistliche ○ Bürger ● Ackerbürger
○ Landsknechte ● Kaufleute ● Handwerker ○ Bauern

❸ Wer wählte in der Stadt den Bürgermeister und den Stadtrat?

Kaufleute und Handwerker

❹ Ein Ackerbürger ist ...

○ ein Bauer, der viel eigenes Land besitzt
○ ein Stadtbürger, der mindestens zwei Äcker besitzt
● ein Stadtbürger, der seinen Lebensunterhalt mit Landwirtschaft verdient
○ ein Burgbewohner, der für die Bearbeitung der Äcker zuständig ist
○ ein Stadtbürger, dessen Bürgerrecht von seinem Grundbesitz abhängt

❺ Kannst du die Skizze richtig beschriften? Trage sechs Begriffe ein!

Kaufmannswaren		*Kaufleute*
Handwerkswaren	▷ Markt ◁	*Handwerker*
landwirtschaftliche Erzeugnisse		*Ackerbürger und Dorfbewohner*

❻ Das Schaubild zeigt dir die Anteile der Stadtbevölkerung. Trage die Namen der Bevölkerungsgruppen ein!

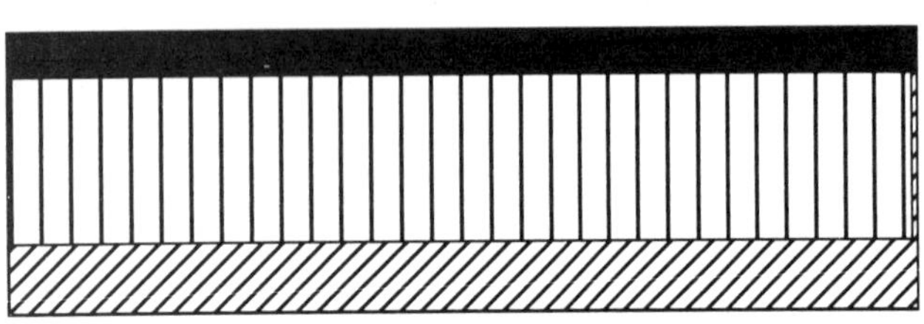

K *aufleute*

H *andwerker*

A *ckerbürger*

❼ Worin unterscheidet sich die Stadt vom Dorf? Nenne drei Beispiele!

Markt Mauern Selbstverwaltung

❽ Welches der drei Kennzeichen einer Stadt bezieht sich auf Bürgermeister, Stadtrat und Rathaus?

Selbstverwaltung

❾ Stimmen diese Aussagen. Kreuze die richtigen an!

● Kaufleute und Handwerker wählten den Bürgermeister und den Stadtrat, von denen die Stadt verwaltet wurde.
○ Die Städte lehnten eine Modernisierung der Wirtschaft ab.
● Die Städte wünschten eine Spezialisierung der Produkte, die die Handwerker herstellten.
○ Die Städte waren an einer Erweiterung des Handels interessiert.
○ Die Städte förderten die Ablösung der Naturalwirtschaft durch die Geldwirtschaft.

Die Entstehung des Deutschen Reiches unter Otto dem Großen

❶ Schon unter Heinrich dem I., Herzog von Sachsen und Ottos Vater, wurden fünf Herzogtümer mit Waffengewalt und Verhandlungen zu einem deutschen Reich zusammengeschlossen. Dies waren: 5

____

❷ Beim Krönungsfest Ottos versahen die Herzöge die Reichsämter. 4
Ordne mit Pfeilen zu!

Herzog von Lothringen	setzte dem König die Speisen vor
Herzog von Franken	leitete die Festlichkeit
Herzog von Schwaben	sorgte für die Unterkunft der Ritter und Rosse
Herzog von Bayern	reichte den Wein

❸ Stimmen diese Aussagen? Kreuze die richtigen an! 2

❍ Obwohl die Herzöge bei der Krönung Treue gelobten, betrachteten sie Otto jedoch weiterhin nicht als ihresgleichen.

❍ Obwohl die Herzöge bei der Krönung Treue gelobten, wollten sie sich ihm nicht auf Dauer unterordnen.

❍ Obwohl die Herzöge bei der Krönung Treue gelobten, wagten sie es sogar, sich gegen seine Herrschaft zu erheben.

❹ Warum vergab Otto letztlich an Geistliche und Bischöfe größeren Landbesitz und besondere Rechte? 3

____

____

❺ Welche Pflichten kamen auf die Bischöfe zu? 3

____

____

❻ Welche Nachteile hatte diese Politik für die Kirchenmänner? 2

____

❼ Stimmen diese Sätze? 3

Wie einst bei Karl dem Großen wurde der Papst von römischen Adeligen bedroht und er erbat Hilfe.

❍ stimmt ❍ stimmt nicht

Wie einst Karl der Große zog auch Otto mit einem Heer über die Alpen und half dem Papst.

❍ stimmt ❍ stimmt nicht

Genau 172 Jahre später nach Karls Krönung, also 972, wurde Otto in Rom zum Kaiser gekrönt.

❍ stimmt ❍ stimmt nicht

❽ Während der Regierungszeit Ottos überfiel immer wieder ein räuberischer Volksstamm die deutschen Gebiete. 4

Name: ________ Entscheidungschlacht: ____________ wann: ______

Ausgang: ____________________________________

26

Lösung: Die Entstehung des Deutschen Reiches unter Otto dem Großen

❶ **Schon unter Heinrich dem I., Herzog von Sachsen und Ottos Vater, wurden fünf Herzogtümer mit Waffengewalt und Verhandlungen zu einem deutschen Reich zusammengeschlossen. Dies waren:**

Sachsen, Franken, Bayern, Schwaben und Lothringen

❷ **Beim Krönungsfest Ottos versahen die Herzöge die Reichsämter. Ordne mit Pfeilen zu!**

Herzog von Lothringen	setzte dem König die Speisen vor
Herzog von Franken	leitete die Festlichkeit
Herzog von Schwaben	sorgte für die Unterkunft der Ritter und Rosse
Herzog von Bayern	reichte den Wein

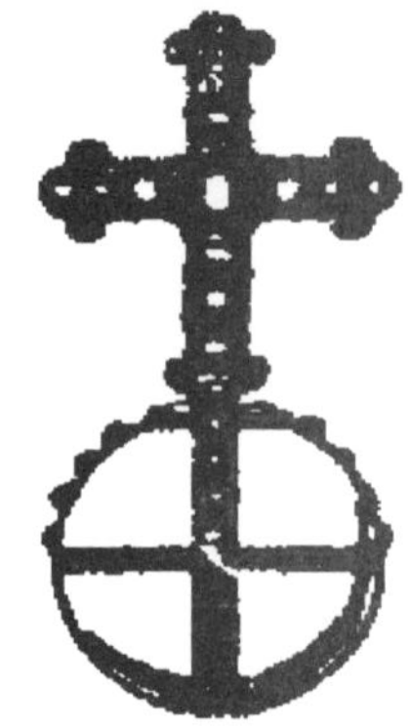

❸ **Stimmen diese Aussagen? Kreuze die richtigen an!**

❍ Obwohl die Herzöge bei der Krönung Treue gelobten, betrachteten sie Otto jedoch weiterhin nicht als ihresgleichen.

● Obwohl die Herzöge bei der Krönung Treue gelobten, wollten sie sich ihm nicht auf Dauer unterordnen.

● Obwohl die Herzöge bei der Krönung Treue gelobten, wagten sie es sogar, sich gegen seine Herrschaft zu erheben.

❹ **Warum vergab Otto letztlich an Geistliche und Bischöfe größeren Landbesitz und besondere Rechte?**

Sie hatten keine Kinder und vererbten ihre Würde nicht. Nach dem Tod eines Bischofs konnte er das Land an einen Vertrauten neu vergeben.

❺ **Welche Pflichten kamen auf die Bischöfe zu?**

Sie wurden Staatsbeamte. Sie mussten ihr Gebiet verwalten.
Sie mussten mit dem König in den Krieg ziehen.

❻ **Welche Nachteile hatte diese Politik für die Kirchenmänner?**

Sie wurden von ihren geistlichen Ämtern (Seelsorge, Gottesdienst) abgelenkt.

❼ **Stimmen diese Sätze?**

Wie einst bei Karl dem Großen wurde der Papst von römischen Adeligen bedroht und er erbat Hilfe.

● stimmt ❍ stimmt nicht

Wie einst Karl der Große zog auch Otto mit einem Heer über die Alpen und half dem Papst.

● stimmt ❍ stimmt nicht

Genau 172 Jahre später nach Karls Krönung, also 972, wurde Otto in Rom zum Kaiser gekrönt.

❍ stimmt ● stimmt nicht

❽ **Während der Regierungszeit Ottos überfiel immer wieder ein räuberischer Volksstamm die deutschen Gebiete.**

Name: ***Ungarn*** Entscheidungsschlacht: ***auf dem Lechfeld*** wann: ***955***

Ausgang: ***erfolgreich für Otto und die deutschen Stämme***

Der romanische Baustil

❶ Lückentext - Kannst du die fehlenden Begriffe einsetzen ?

Wir finden in den verschiedenen Landschaften Europas Bauten und Bilder der ____________ 4
Zeit in ______________ Kunststil. Im Austausch von Volk zu Volk entwickelte sich die europäische __________ . Die ________ besaß im Mittelalter eine führende Stellung. Sie prägte Leben und Arbeit der Menschen von der Geburt bis zum Tode. Noch heute spürt man etwas von der Macht des ____________ , wenn man die herrlichen Dome betrachtet, die weithin die Städte überragen.

❷ Den Kunststil der Romanik finden wir in Europa in der Zeit von ... 1

❍ 900 bis 1100 ❍ 1000 bis 1250 ❍ 1100 bis 1300 ❍ 1200 bis 1400

❸ Unter welchen Kaisern entwickelte sich in Deutschland die Romanik ? 1

____

❹ Woran erkennt man den romanischen Baustil ? 4

❍ Rundbogen ❍ Spitzbogen ❍ kleine Fenster ❍ wuchtig und wehrhaft
❍ verspielte Ornamente ❍ Spitzfenster ❍ wenig Schmuck ❍ Stukkatur

❺ Welche Art von öffentlichen Bauten wurde vorrangig errichtet ? 3

❍ Kirchen ❍ Rathäuser ❍ Kaiserpfalzen ❍ Bürgerhäuser ❍ Burgen

❻ Welche zwei Stände wirkten damals führend im öffentlichen Leben mit ?

❍ Bauern ❍ Priester ❍ Ritter ❍ Handwerker ❍ Adel ❍ Kaufleute 2

❼ Welche Ereignisse und Entwicklungen begleiteten die Romanik ? 3

❍ Zünfte ❍ Kreuzzüge ❍ Ritterorden ❍ Blütezeit des Kaisertums ❍ Völkerwanderung ❍ Zerfall des römischen Reiches ❍ Hanse ❍ Hunneneinfälle

❽ Stimmen diese Aussagen ? Kreuze die richtigen an ! 2

❍ Die deutschen Baumeister der Romanik wollten große Innenräume schaffen.
❍ Ihre rundbogigen Fenster und Türen ließen viel Licht herein.
❍ Die Kirchen sahen wie Festungswerke aus, die den Gläubigen gegen eine feindliche Umwelt schützen sollten.
❍ In fast mönchischer Strenge mit innerer Andacht und Sammlung schlossen die romanischen Kirchen den Kirchenbesucher von der Außenwelt ab.

❾ Kennzeichne aus den unten stehenden Abbildungen Werke aus der Romanik ! 4

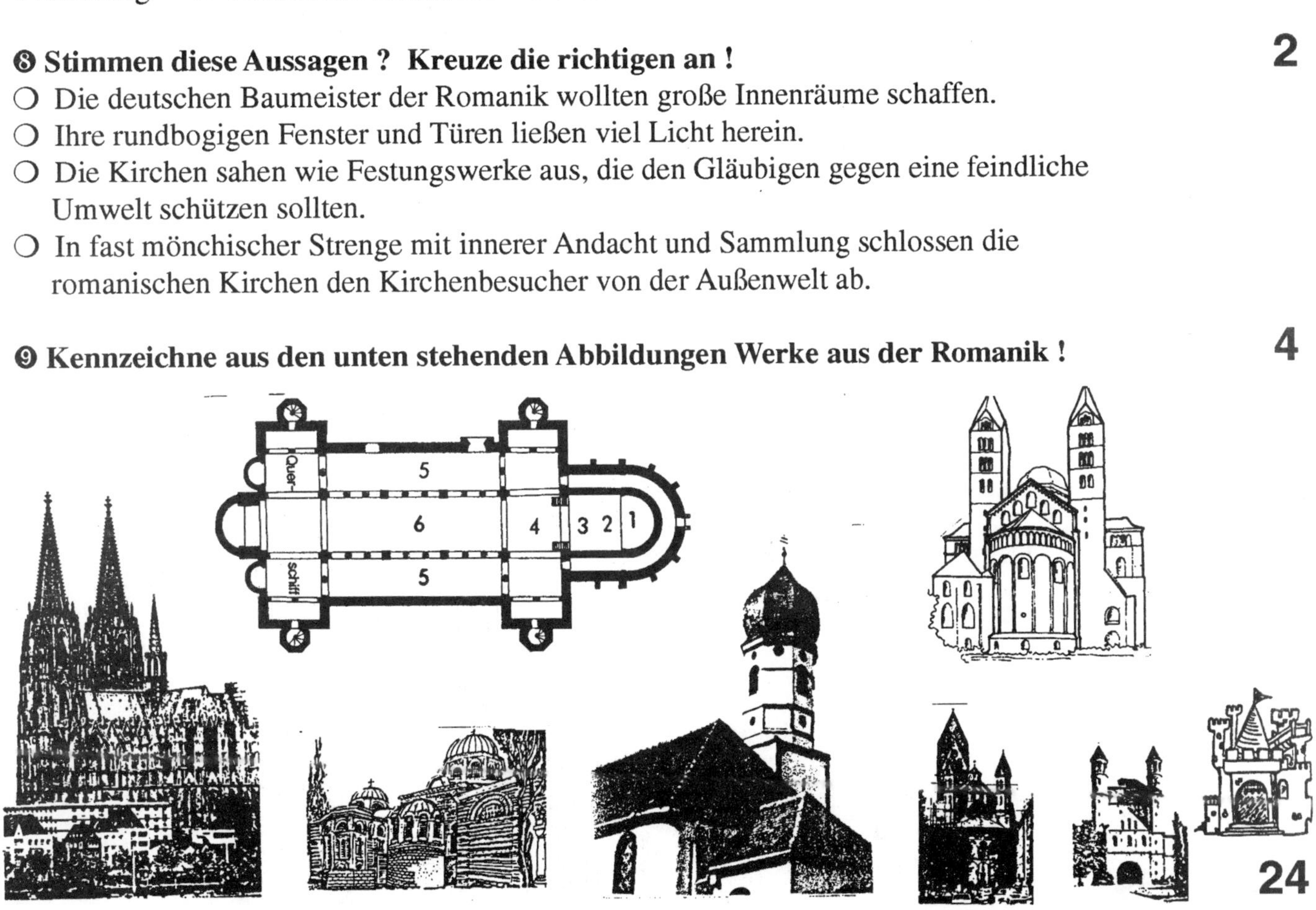

24

Lösung: Der romanische Baustil

❶ Lückentext - Kannst du die fehlenden Begriffe einsetzen ?

Wir finden in den verschiedenen Landschaften Europas Bauten und Bilder der *gleichen* Zeit in *gleichem* Kunststil. Im Austausch von Volk zu Volk entwickelte sich die europäische *Kultur* . Die *Kirche* besaß im Mittelalter eine führende Stellung. Sie prägte Leben und Arbeit der Menschen von der Geburt bis zum Tode. Noch heute spürt man etwas von der Macht des *Glaubens* , wenn man die herrlichen Dome betrachtet, die weithin die Städte überragen.

❷ Den Kunststil der Romanik finden wir in Europa in der Zeit von ...

❍ 900 bis 1100 ● 1000 bis 1250 ❍ 1100 bis 1300 ❍ 1200 bis 1400

❸ Unter welchen Kaisern entwickelte sich in Deutschland die Romanik ?

Ottonen-Kaiser

❹ Woran erkennt man den romanischen Baustil ?

● Rundbogen ❍ Spitzbogen ● kleine Fenster ● wuchtig und wehrhaft
❍ verspielte Ornamente ❍ Spitzfenster ● wenig Schmuck ❍ Stukkatur

❺ Welche Art von öffentlichen Bauten wurde vorrangig errichtet ?

● Kirchen ❍ Rathäuser ● Kaiserpfalzen ❍ Bürgerhäuser ● Burgen

❻ Welche zwei Stände wirkten damals führend im öffentlichen Leben mit ?

❍ Bauern ● Priester ● Ritter ❍ Handwerker ❍ Adel ❍ Kaufleute

❼ Welche Ereignisse und Entwicklungen begleiteten die Romanik ?

❍ Zünfte ● Kreuzzüge ● Ritterorden ● Blütezeit des Kaisertums ❍ Völkerwanderung ❍ Zerfall des römischen Reiches ❍ Hanse ❍ Hunneneinfälle

❽ Stimmen diese Aussagen ? Kreuze die richtigen an !

● Die deutschen Baumeister der Romanik wollten große Innenräume schaffen.
❍ Ihre rundbogigen Fenster und Türen ließen viel Licht herein.
● Die Kirchen sahen wie Festungswerke aus, die den Gläubigen gegen eine feindliche Umwelt schützen sollten.
❍ In fast mönchischer Strenge mit innerer Andacht und Sammlung schlossen die romanischen Kirchen den Kirchenbesucher von der Außenwelt ab.

❾ Kennzeichne aus den unten stehenden Abbildungen Werke aus der Romanik !

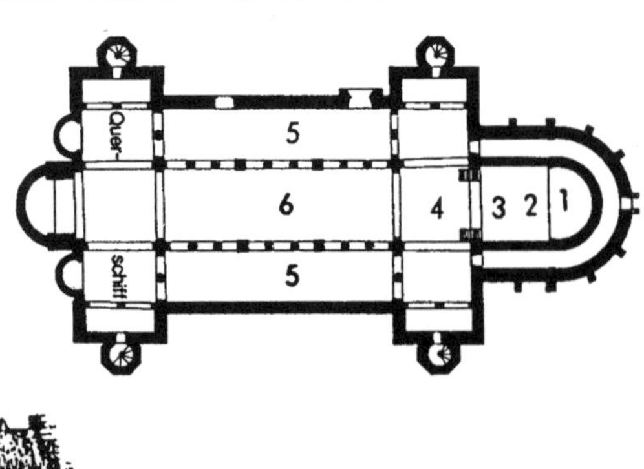

●

●

●

●

Der Streit zwischen Kaiser und Papst

❶ **Trage die Namen der Amtsinhaber ein!** 5

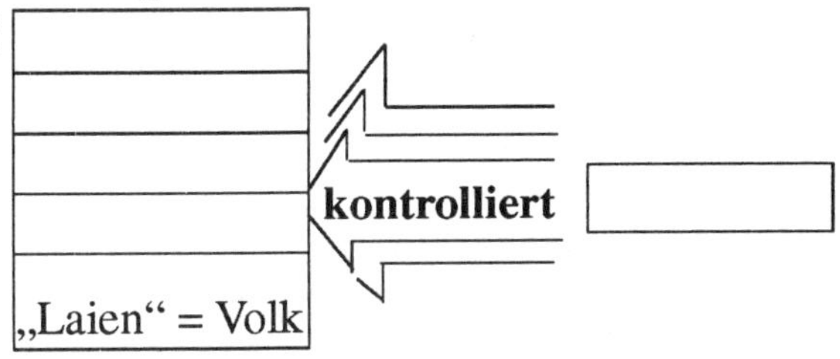

❷ **Stimmen diese Sätze?** ❍ ja ❍ nein 2

Die Könige des Mittelalters waren bis etwa 1050 uneingeschränkte Kirchenherren.

Der König wurde bis ins 11. Jh. als Stellvertreter Christi auf Erden angesehen.

❸ **Das geschichtliche Fachwort für die Amtseinweisung der Bischöfe durch den König heißt:** ____________________

❹ **Kreuze die beiden Gegenstände an, die der König im 11. Jh dem Bischof bei der Amtseinsetzung übergab !** 2

❍ ein Schwert ❍ ein Schild ❍ ein Kreuz ❍ einen Stab ❍ einen Ring

❺ **Die kirchlichen Reformer des 11. Jahrhunderts sahen im König ...** 3

❍ einen Laien, der sich in die inneren Angelegenheiten der Kirche einmischt

❍ einen Stellvertreter Christi, der für die Ordnung innerhalb der Kirche verantwortlich ist

❍ einen Laien, der für die Ordnung innerhalb der Kirche verantwortlich ist.

❻ **Diese Auseinandersetzung zwischen König und Papst um die Einsetzung der Bischöfe und Äbte nennt man:** __________________

❼ **Zwischen König und Papst kam es letztlich zu einem Ausgleichsvertrag. Diesen Ausgleichsvertrag nennt man:** __________________________

❽ **Der Vertrag wurde abgeschlossen in der Stadt** ___________ **im Jahre** ______ . 2

❾ **Ordne die Nummern der folgenden Sätze jeweils in die richtigen Spalten der nachfolgenden Tabelle ein (K = Kaiser / P = Papst)** 6

a) Ich werde die römische Kirche schützen.
b) Ich erlaube dir, bei der Bischofswahl anwesend zu sein.
c) Ich bin damit einverstanden, dass der Gewählte das Zepter für die weltlichen Lehen erhält.
d) Ich verzichte auf die Investitur mit Ring und Stab.
e) Ich fördere die freie kirchliche Wahl und Weihe.
f) Ich bin damit einverstanden, dass der Gewählte dir den Lehnseid leistet.

K Der König verspricht dem Papst
Satz: ______ ______ ______

P Der Papst verspricht dem König
Satz: ______ ______ ______

❿ **Seit dem 12. Jahrhundert wirkten bei der Bischofswahl mit:** 3

__________ ________ ___________

11. **Wie hießen die beiden großen Gegner im Streit zwischen Kirche und Staat?** 2

_________________ ____________________

25

Lösung: Der Streit zwischen Kaiser und Papst

❶ **Trage die Namen der Amtsinhaber ein!**

Papst (violett)
Erzbischof
Bischof
Pfarrer
„Laien“ = Volk

kontrolliert ← | *König* |

❷ **Stimmen diese Sätze?** ● ja ❍ nein

Die Könige des Mittelalters waren bis etwa 1050 uneingeschränkte Kirchenherren.
Der König wurde bis ins 11. Jh. als Stellvertreter Christi auf Erden angesehen.

❸ **Das geschichtliche Fachwort für die Amtseinweisung der Bischöfe durch den König heißt:** *Investitur*

❹ **Kreuze die beiden Gegenstände an, die der König im 11. Jh dem Bischof bei der Amtseinsetzung übergab !**

❍ ein Schwert ❍ ein Schild ❍ ein Kreuz ● einen Stab ● einen Ring

❺ **Die kirchlichen Reformer des 11. Jahrhunderts sahen im König ...**

● einen Laien, der sich in die inneren Angelegenheiten der Kirche einmischt
❍ einen Stellvertreter Christi, der für die Ordnung innerhalb der Kirche verantwortlich ist
❍ einen Laien, der für die Ordnung innerhalb der Kirche verantwortlich ist.

❻ **Diese Auseinandersetzung zwischen König und Papst um die Einsetzung der Bischöfe und Äbte nennt man:** *Investiturstreit*

❼ **Zwischen König und Papst kam es letztlich zu einem Ausgleichsvertrag. Diesen Ausgleichsvertrag nennt man:** *Konkordat*

❽ **Der Vertrag wurde abgeschlossen in der Stadt** *Worms* **im Jahre** *1122* .

❾ **Ordne die Nummern der folgenden Sätze jeweils in die richtigen Spalten der nachfolgenden Tabelle ein (K = Kaiser / P = Papst)**

a) Ich werde die römische Kirche schützen.
b) Ich erlaube dir, bei der Bischofswahl anwesend zu sein.
c) Ich bin damit einverstanden, dass der Gewählte das Zepter für die weltlichen Lehen erhält.
d) Ich verzichte auf die Investitur mit Ring und Stab.
e) Ich fördere die freie kirchliche Wahl und Weihe.
f) Ich bin damit einverstanden, dass der Gewählte dir den Lehnseid leistet.

K Der König verspricht dem Papst
Satz: *a* *d* *e*

P Der Papst verspricht dem König
Satz: *b* *c* *f*

❿ **Seit dem 12. Jahrhundert wirkten bei der Bischofswahl mit:**
König *Papst* *Domkapitel*

11. **Wie hießen die beiden großen Gegner im Streit zwischen Kirche und Staat?**
Heinrich IV. *Gregor VII.*

Die Kreuzzüge

❶ Für drei Weltreligionen ist die Stadt Jerusalem eine heilige Stadt. Nenne sie! 3

____

❷ Höhepunkt der christlichen Wallfahrt nach Jerusalem war das ... 1

❍ 9. Jh. ❍ 10. Jh. ❍ 11. Jh. ❍ 12. Jh. ❍ 13. Jh. ❍ 14. Jh

❸ Welche Länder wurden im 11. Jahrhundert vom Islam ganz oder zum Teil beherrscht? 4

❍ Palästina ❍ Kleinasien ❍ Ungarn ❍ Spanien ❍ Deutschland ❍ Ägypten

❹ Verbinde die Jahreszahlen mit den entsprechenden Ereignissen! 3

Jerusalem wird von den Kreuzfahrern erobert	1095
Akkon fällt in die Hände der Mohammedaner	1099
Papst Urban II. ruft zum Kreuzzug auf	1291

❺ Gib an, was sich die Kreuzfahrer außer der Befreiung Jerusalems und kriegerischen Abenteuern von den Kreuzzügen noch erhofften! 3

____

❻ Der Name Kreuzzug kam erst später auf. Kreuze die drei Benennungen an, die in den Quellen des ersten Kreuzzuges erwähnt werden! 3

❍ Kreuzfahrt ❍ Kriegszug ❍ Expedition ❍ Auslandsaufenthalt ❍ Reise
❍ bewaffneter Pilgerzug ❍ Marsch nach Jerusalem ❍ Ritterfahrt ❍ Wallfahrt

❼ Für die Menschen des Mittelalters war die Stadt Jerusalem besonders wichtig als ... 1

❍ Mittelpunkt der Welt ❍ eine wichtige Pilgerstadt ❍ Hauptstadt Palästinas

❽ Welche Bevölkerungsgruppe nahm besonders stark an den Kreuzzügen teil ? 2

❍ die Bauern ❍ die Arbeiter ❍ die Ritter ❍ die Päpste ❍ die Bürger ❍ der Adel

❾ Warum erlahmte die Kreuzzugsbewegung nach 200 Jahren? Nenne zwei Gründe ! 2

____

____

❿ Stimmen diese Aussagen? Kreuze die richtigen an ! 5

❍ Der Prophet Mohammed gründete eine neue Religion, das Judentum.
❍ An den Kreuzzügen nahmen auch Frauen, Kinder und Abenteurer teil.
❍ Die Europäer übernahmen kaum Errungenschaften der arabischen Kultur.
❍ Neben der Heilkunde und den arabischen Zahlen übernahmen unsere Vorfahren die Teppichwebkunst, den Windmühlenbau und die Beobachtung der Gestirne.
❍ Weil die Araber das gesamte Wissen der damaligen Welt in Büchern gesammelt hatten, konnten die unbekannten philosophischen und medizinischen Werke der Griechen aus dem Arabischen ins Lateinische übersetzt werden.
❍ Blumensorten, Gewürze und Obstsorten verbreiteten sich erst 500 Jahre später in Europa.
❍ Die Märchen aus „Tausendundeiner Nacht" fanden große Verbreitung.
❍ Lehnwörter wie Sofa, Damast, Muskat, Matratze und Baracke kamen in unsere Sprache.
❍ Die Kreuzzüge fanden ausschließlich zu Lande statt, weil den Kreuzfahrern Schiffe und Schifffahrtskenntnisse fehlten.

27

Lösung: Die Kreuzzüge

❶ Für drei Weltreligionen ist die Stadt Jerusalem eine heilige Stadt. Nenne sie!

Christentum, Judentum, Islam

❷ Höhepunkt der christlichen Wallfahrt nach Jerusalem war das ...

❍ 9. Jh. ❍ 10. Jh. ● 11. Jh. ❍ 12. Jh. ❍ 13. Jh. ❍ 14. Jh

❸ Welche Länder wurden im 11. Jahrhundert vom Islam ganz oder zum Teil beherrscht?

● Palästina ● Kleinasien ❍ Ungarn ● Spanien ❍ Deutschland ● Ägypten

❹ Verbinde die Jahreszahlen mit den entsprechenden Ereignissen!

Jerusalem wird von den Kreuzfahrern erobert — 1095
Akkon fällt in die Hände der Mohammedaner — 1099
Papst Urban II. ruft zum Kreuzzug auf — 1291

❺ Gib an, was sich die Kreuzfahrer außer der Befreiung Jerusalems und kriegerischen Abenteuern von den Kreuzzügen noch erhofften!

Vergebung der Sünden   Besitztum und Reichtum   Ruhm und Ehre

❻ Der Name Kreuzzug kam erst später auf. Kreuze die drei Benennungen an, die in den Quellen des ersten Kreuzzuges erwähnt werden!

❍ Kreuzfahrt ❍ Kriegszug ❍ Expedition ❍ Auslandsaufenthalt ● Reise
● bewaffneter Pilgerzug ● Marsch nach Jerusalem ❍ Ritterfahrt ❍ Wallfahrt

❼ Für die Menschen des Mittelalters war die Stadt Jerusalem besonders wichtig als ...

● Mittelpunkt der Welt ❍ eine wichtige Pilgerstadt ❍ Hauptstadt Palästinas

❽ Welche Bevölkerungsgruppe nahm besonders stark an den Kreuzzügen teil ?

❍ die Bauern ❍ die Arbeiter ● die Ritter ❍ die Päpste ❍ die Bürger ● der Adel

❾ Warum erlahmte die Kreuzzugsbewegung nach 200 Jahren? Nenne zwei Gründe !

ein neues Glaubensverständnis
die zunehmende Erfolge der Mohammedaner

❿ Stimmen diese Aussagen? Kreuze die richtigen an !

❍ Der Prophet Mohammed gründete eine neue Religion, das Judentum.
● An den Kreuzzügen nahmen auch Frauen, Kinder und Abenteurer teil.
❍ Die Europäer übernahmen kaum Errungenschaften der arabischen Kultur.
● Neben der Heilkunde und den arabischen Zahlen übernahmen unsere Vorfahren die Teppichwebkunst, den Windmühlenbau und die Beobachtung der Gestirne.
● Weil die Araber das gesamte Wissen der damaligen Welt in Büchern gesammelt hatten, konnten die unbekannten philosophischen und medizinischen Werke der Griechen aus dem Arabischen ins Lateinische übersetzt werden.
❍ Blumensorten, Gewürze und Obstsorten verbreiteten sich erst 500 Jahre später in Europa.
● Die Märchen aus „Tausendundeiner Nacht" fanden große Verbreitung.
● Lehnwörter wie Sofa, Damast, Muskat, Matratze und Baracke kamen in unsere Sprache.
❍ Die Kreuzzüge fanden ausschließlich zu Lande statt, weil den Kreuzfahrern Schiffe und Schifffahrtskenntnisse fehlten.

Kaiser Friedrich Barbarossa

❶ Lückentext - Kannst du die fehlenden Begriffe finden ?

Friedrich Barbarossa gewann die ____________ für sich, indem er klug auf ihre Wünsche eingging. Später hat er die ________________ gegen weitgehende Wünsche der Fürsten verteidigt. Er wollte die ______________ wieder zu Reichsbeamten machen. Barbarossa führte Krieg gegen die Städte in ________________, weil sie keine Steuern mehr zahlen wollten. Der Papst führte Krieg gegen den ____________, weil er ihm zu mächtig wurde. Am Ende söhnte sich Barbarossa mit seinen Feinden aus, indem er ihnen ____________ entgegenkam. Dadurch nahm er dem Papst die ____________________ und konnte eine lange ____________________ einleiten. 8

❷ Welche Gedanken könnte Friedrich Barbarossa am Anfang seiner Regierungszeit gehabt haben ? Kreuze die richtigen an ! 3

- ❍ Die alten, von meinen Vorgängern überkommenen Gesetze müssen erhalten bleiben.
- ❍ Die alten Gesetze meiner Vorgänger müssen verändert werden.
- ❍ Das Reich muss im Kriegsfall mit den Waffen verteidigt werden.
- ❍ Das Reich muss mit Diplomatie vor Kriegen bewahrt werden.
- ❍ In Frankfurt wählten mich die Fürsten einmütig und unter lautem Beifall.

❸ Worum geht es im Streitfall mit Mailand ? Kreuze die richtigen Aussagen an ! 2

- ❍ Mailand ist an einer friedlichen Lösung des Konflikts interessiert.
- ❍ Die Mailänder erkennen schließlich an, dass die alten Rechte des Kaisers (Münzrecht, Zollrecht, Steuerrecht) jederzeit geltend gemacht werden können.
- ❍ Die Mailänder strebten mehr politische Selbständigkeit an.
- ❍ Die Mailänder wollten weiter Steuern zahlen, aber Mitbestimmungsrechte haben.

❹ Wie haben die Mailänder reagiert, als der Kaiser wieder abzog ? 2

- ❍ Sie fügten sich ihrem Schicksal.
- ❍ Sie hegten Rachegefühle, weil sie im Büßerkleid durch die Stadt gehen mussten.
- ❍ Die Streitigkeiten waren keineswegs beigelegt.
- ❍ Die Streitigkeiten nahmen durch den Abzug des Kaisers ein gutes Ende.

❺ Welche Interessengruppen standen sich während der Zeit Friedrich Barbarossas gegenüber ? 4

____

❻ Wie viel Zeit verbrachte Friedrich Barbarossa in Italien ? 1

- ❍ ein Zehntel seiner Regierungszeit
- ❍ ein Drittel seiner Regierungszeit
- ❍ mehr als die Hälfte seiner Regierungszeit

❼ Trage folgende Begriffe in das Schema ein:

Legnano - Friedensschluss - Papst - Kaiser - norditalienische Städte - Fürsten

[ ] ↔ [ ] ↔ [ ]

↓ ↓ ↓

[ ] [ ]

Heinrich d. L. als mächtigster Fürst verweigert dem Kaiser militärische Hilfe → [ ] 6

26

Lösung: Kaiser Friedrich Barbarossa

❶ Lückentext - Kannst du die fehlenden Begriffe finden ?

Friedrich Barbarossa gewann die ***Fürsten*** für sich, indem er klug auf ihre Wünsche einging. Später hat er die ***Königsgewalt*** gegen weitgehende Wünsche der Fürsten verteidigt. Er wollte die ***Bischöfe*** wieder zu Reichsbeamten machen. Barbarossa führte Krieg gegen die Städte in Oberitalien, weil sie keine Steuern mehr zahlen wollten. Der Papst führte Krieg gegen den ***Kaiser***, weil er ihm zu mächtig wurde. Am Ende söhnte sich Barbarossa mit seinen Feinden aus, indem er ihnen ***teilweise*** entgegenkam. Dadurch nahm er dem Papst die ***Verbündeten*** und konnte eine lange ***Friedenszeit*** einleiten.

❷ Welche Gedanken könnte Friedrich Barbarossa am Anfang seiner Regierungszeit gehabt haben ? Kreuze die richtigen an !

- ● Die alten, von meinen Vorgängern überkommenen Gesetze müssen erhalten bleiben.
- ❍ Die alten Gesetze meiner Vorgänger müssen verändert werden.
- ● Das Reich muss im Kriegsfall mit den Waffen verteidigt werden.
- ❍ Das Reich muss mit Diplomatie vor Kriegen bewahrt werden.
- ● In Frankfurt wählten mich die Fürsten einmütig und unter lautem Beifall.

❸ Worum geht es im Streitfall mit Mailand ? Kreuze die richtigen Aussagen an !

- ❍ Mailand ist an einer friedlichen Lösung des Konflikts interessiert.
- ● Die Mailänder erkennen schließlich an, dass die alten Rechte des Kaisers (Münzrecht, Zollrecht, Steuerrecht) jederzeit geltend gemacht werden können.
- ● Die Mailänder strebten mehr politische Selbständigkeit an.
- ❍ Die Mailänder wollten weiter Steuern zahlen, aber Mitbestimmungsrechte haben.

❹ Wie haben die Mailänder reagiert, als der Kaiser wieder abzog ?

- ❍ Sie fügten sich ihrem Schicksal.
- ● Sie hegten Rachegefühle, weil sie im Büßerkleid durch die Stadt gehen mussten.
- ● Die Streitigkeiten waren keineswegs beigelegt.
- ❍ Die Streitigkeiten nahmen durch den Abzug des Kaisers ein gutes Ende.

❺ Welche Interessengruppen standen sich während der Zeit Friedrich Barbarossas gegenüber ?

Kaiser, Päpste, Fürsten, norditalienische Städte

❻ Wie viel Zeit verbrachte Friedrich Barbarossa in Italien ?

- ❍ ein Zehntel seiner Regierungszeit
- ● ein Drittel seiner Regierungszeit
- ❍ mehr als die Hälfte seiner Regierungszeit

❼ Trage folgende Begriffe in das Schema ein:

Legnano - Friedensschluss - Papst - Kaiser - norditalienische Städte - Fürsten

Fürsten ←→ ***Kaiser*** ←→ ***Papst***

↓ ***Norditalienische Städte***

↓ ***Legnano***

Heinrich d. L. als mächtigster Fürst verweigert dem Kaiser militärische Hilfe → ***Friedensschluss***

Der Deutschritterorden

❶ Wann wurde der Deutschritterorden gegründet? 2

❍ kurz vor 1000 ❍ kurz vor 1200 ❍ kurz vor 1400

❷ Wo wurde der Deutschritterorden gegründet?
Zeichne auf der Landkarte rechts das Gebiet mit einem Kreuz ein!

❸ Welcher Unterschied bestand zwischen einem Mönchs- und einem Ritterorden? 3

Mönchsorden: ______________________________

Ritterorden: ______________________________

____

❹ Stimmen diese Aussagen? Kreuze die richtigen an ! 2

❍ Um 1230 wurde der Deutschritterorden von dem polnischen Herzog von Masowien aufgefordert, vom Kulmerland aus, das er dem Orden schenkte, die zwischen Weichsel und Memel wohnenden Preußen zu unterwerfen und zu christianisieren.

❍ Der Deutschritterorden unter seinem Hochmeister Hermann von Salza folgte erst der Aufforderung, nachdem ihm Kaiser und Papst die Landeshoheit im Kulmerland und in dem zu erobernden Preußen zugesichert hatten.

❍ Bis zum Ende des 15. Jahrhunderts besiegte und christianisierte der Deutschritterorden die Preußen unter Mithilfe von Kreuzfahrern aus verschiedenen Ländern.

❺ Kreuze die Siedlungsform an, die unter den Deutschordensrittern in Preußen üblich war! Zeichenerklärung: ● = Stadt ❍ = Dorf ❑ = Burg 3

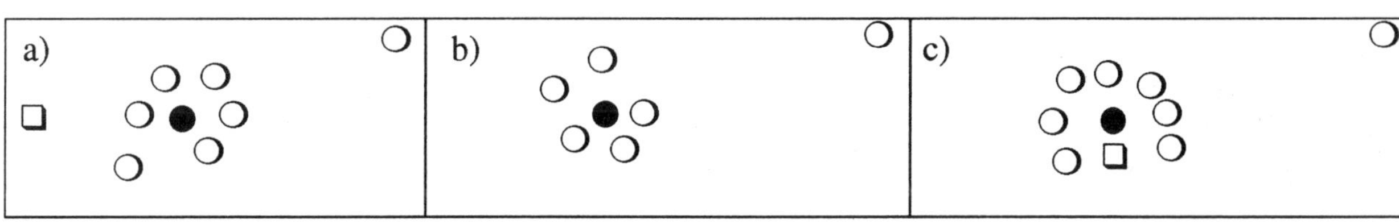

❻ Wohin wurde der Sitz des Hochmeisters des Deutschritterordens um 1300 verlegt? 1

❍ nach Quedlinburg ❍ nach Marienburg ❍ nach Dresden ❍ nach Danzig

❼ Bringe die Sätze in die richtige zeitliche Reihenfolge. 8

❑ Erwerb von Gebieten im Westen und Norden Preußens
❑ Spannung zwischen dem Orden und den Städten in Preußen
❑ Besiedlung Preußens
❑ Deutschordensstaat als politische Macht an der Ostsee
❑ Kampf gegen Polen-Litauen
❑ Vereinigung von Polen und Litauen
❑ Eroberung und Christianisierung Preußens
❑ Abtretung von preußischem Gebiet an Polen und Lehnshoheit Polens über den Deutschordensstaat

❽ Welche Wörter sind falsch? Unterstreiche sie ! 4

Im 16. Jahrhundert zerfiel die Macht des Deutschritterordens im Kampf gegen das vereinigte Polen und Litauen und gegen die preußischen Stände. Der Orden behielt aber seine Außenbesitzungen. Der größere Teil Preußens kam zu Polen, der kleinere Teil blieb als polnisches Lehen unter der Herrschaft des Hochmeisters.

23

Lösung: Der Deutschritterorden

❶ Wann wurde der Deutschritterorden gegründet?

❍ kurz vor 1000 ● kurz vor 1200 ❍ kurz vor 1400

❷ Wo wurde der Deutschritterorden gegründet?
Zeichne auf der Landkarte rechts das Gebiet mit einem Kreuz ein!

❸ Welcher Unterschied bestand zwischen einem Mönchs- und einem Ritterorden?

Mönchsorden: ***nur mönchisches Leben***

Ritterorden: ***mönchisches Leben und Kampf gegen Heiden***

❹ Stimmen diese Aussagen? Kreuze die richtigen an !

● Um 1230 wurde der Deutschritterorden von dem polnischen Herzog von Masowien aufgefordert, vom Kulmerland aus, das er dem Orden schenkte, die zwischen Weichsel und Memel wohnenden Preußen zu unterwerfen und zu christianisieren.

● Der Deutschritterorden unter seinem Hochmeister Hermann von Salza folgte erst der Aufforderung, nachdem ihm Kaiser und Papst die Landeshoheit im Kulmerland und in dem zu erobernden Preußen zugesichert hatten.

❍ Bis zum Ende des 15. Jahrhunderts besiegte und christianisierte der Deutschritterorden die Preußen unter Mithilfe von Kreuzfahrern aus verschiedenen Ländern.

❺ Kreuze die Siedlungsform an, die unter den Deutschordensrittern in Preußen üblich war! Zeichenerklärung: ● = Stadt ❍ = Dorf ❑ = Burg

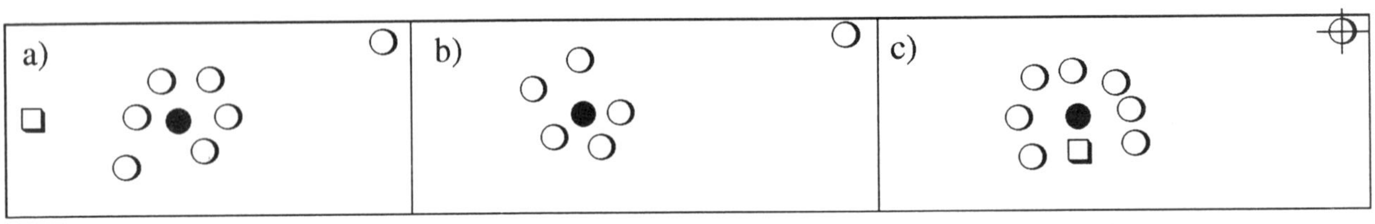

❻ Wohin wurde der Sitz des Hochmeisters des Deutschritterordens um 1300 verlegt?

❍ nach Quedlinburg ● nach Marienburg ❍ nach Dresden ❍ nach Danzig

❼ Bringe die Sätze in die richtige zeitliche Reihenfolge.

[4] Erwerb von Gebieten im Westen und Norden Preußens
[3] Spannung zwischen dem Orden und den Städten in Preußen
[2] Besiedlung Preußens
[5] Deutschordensstaat als politische Macht an der Ostsee
[7] Kampf gegen Polen-Litauen
[6] Vereinigung von Polen und Litauen
[1] Eroberung und Christianisierung Preußens
[8] Abtretung von preußischem Gebiet an Polen und Lehnshoheit Polens über den Deutschordensstaat

❽ Welche Wörter sind falsch? Unterstreiche sie !

Im <u>16.</u> Jahrhundert zerfiel die Macht des Deutschritterordens im Kampf gegen das vereinigte Polen und Litauen und gegen die preußischen Stände. Der Orden <u>behielt</u> aber seine Außenbesitzungen. Der <u>größere Teil</u> Preußens kam zu Polen, der <u>kleinere Teil</u> blieb als polnisches Lehen unter der Herrschaft des Hochmeisters.

Das Rittertum

❶ Reiter genossen seit 1200 v. Chr. Vorrang unter den Soldaten. Im Mittelalter war die Rüstung eines Reiters sehr kostspielig. 5
Beschreibe Teile einer Ritterrüstung (5 Beispiele) :

____

____

❷ Im Mittelalter bildete sich der Ritterstand mit besonderen Rechten heraus. Nenne zwei Beispiele ! 2

____

____

❸ Wie baute man im Mittelalter Burgen, damit sie nicht einnehmbar waren ? 4

❍ als Festung ❍ mit Wassergräben umgeben ❍ auf hohen Bergen
❍ auf Felsen ❍ auf Inseln ❍ in Sümpfen ❍ in dichten Wäldern

❹ Die Erziehung der Jungen und Mädchen verlief unterschiedlich. Unterstreiche die Sätze, die die Knabenerziehung betreffen, rot, diejenigen Sätze, die die Mädchenerziehung betreffen, blau! 9

Mit 7 brachte der Vater das Kind an den Hof seines Lehnsherrn oder eines Ritters. Auf der Burg eines befreundeten Ritters lernte das Kind ein Betragen, wie es für das Leben am Hof gefordert war.
Das Kind hielt sich vornehmlich in der Kemenate auf.
Vom Burgkaplan lernte das Kind Lesen und Schreiben.
Dort lernte das Kind ritterliche Sitte, das Reiten und Fechten.
Das Kind wurde im Gesang und Saitenspiel ausgebildet.
War das Kind 14 Jahre alt, erhielt es ein Schwert.
Das Kind begleitete seinen Herrn als Knappe auf die Jagd.
Das Kind trug seinem Herrn Speer und Schild und bediente ihn beim Essen.

❺ In der Ritterzeit besangen die Dichter die reine Liebe. 4
Man nennt sie: ____________________
Der bekannteste Dichter hieß: ____________________
In Frankreich hießen die singenden Dichter: ____________________
Ein unbekannter Dichter verfasste die Sage von den ____________________.

❻ Was bedeutet „Ritterschlag" ? 2

____

____

❼ Nenne drei Gründe, warum ein Ritter nicht beim Turnier teilnehmen durfte ! 3

____

❽ Neben den Turnieren gab es bei Rittern ernste Feindseligkeiten. Sie gingen nicht vor Gericht. Sie sagten ihrem Gegner 1

❍ die Schildwache ❍ die Fehde ❍ das Duell ❍ den Krieg ❍ die Minne an.

❾ Was bedeutet der Ausdruck „Raubritter" ? 4

____

____

Lösung: Das Rittertum

❶ Reiter genossen seit 1200 v. Chr. Vorrang unter den Soldaten. Im Mittelalter war die Rüstung eines Reiters sehr kostspielig. Beschreibe Teile einer Ritterrüstung (5 Beispiele) :

Kettenhemd, Schuppenpanzer, Schienen für Arme und Beine
Helm mit Visier, Schild Lanze

❷ Im Mittelalter bildete sich der Ritterstand mit besonderen Rechten heraus. Nenne zwei Beispiele !

Ritter herrschten über die Bauern, die deren Äcker bestellten.
Zur Grundherrschaft gehörten Burg und umliegende Dörfer.

❸ Wie baute man im Mittelalter Burgen, damit sie nicht einnehmbar waren ?

● als Festung ● mit Wassergräben umgeben ● auf hohen Bergen
● auf Felsen ❍ auf Inseln ❍ in Sümpfen ❍ in dichten Wäldern

❹ Die Erziehung der Jungen und Mädchen verlief unterschiedlich. Unterstreiche die Sätze, die die Knabenerziehung betreffen, rot, diejenigen Sätze, die die Mädchenerziehung betreffen, blau!

Mit 7 brachte der Vater das Kind an den Hof seines Lehnsherrn oder eines Ritters.
Auf der Burg eines befreundeten Ritters lernte das Kind ein Betragen, wie es für das Leben am Hof gefordert war.
Das Kind hielt sich vornehmlich in der Kemenate auf.
Vom Burgkaplan lernte das Kind Lesen und Schreiben.
Dort lernte das Kind ritterliche Sitte, das Reiten und Fechten.
Das Kind wurde im Gesang und Saitenspiel ausgebildet.
War das Kind 14 Jahre alt, erhielt es ein Schwert.
Das Kind begleitete seinen Herrn als Knappe auf die Jagd.
Das Kind trug seinem Herrn Speer und Schild und bediente ihn beim Essen.

❺ In der Ritterzeit besangen die Dichter die reine Liebe.
Man nennt sie: *Minnesänger*
Der bekannteste Dichter hieß: *Walther von der Vogelweide*
In Frankreich hießen die singenden Dichter: *Troubadours*
Ein unbekannter Dichter verfasste die Sage von den *Nibelungen*.

❻ Was bedeutet „Ritterschlag" ?

Mit 21 wurde der Knappe in einer feierlichen Zeremonie im Beisein von Würdenträgern zum Ritter geschlagen.

❼ Nenne drei Gründe, warum ein Ritter nicht beim Turnier teilnehmen durfte !

unritterliches Verhalten, Verrat, Feigheit

❽ Neben den Turnieren gab es bei Rittern ernste Feindseligkeiten. Sie gingen nicht vor Gericht. Sie sagten ihrem Gegner

❍ die Schildwache ● die Fehde ❍ das Duell ❍ den Krieg ❍ die Minne an.

❾ Was bedeutet der Ausdruck „Raubritter" ?

Die Ritter verarmten, ihr Einfluss schwand, sie überfielen willkürlich Land und Leute. Der „Landfriede" wurde immer wieder gebrochen.

Von Burgen, Rittern und Turnieren

❶ Kannst du die Teile einer Burg richtig benennen? 9

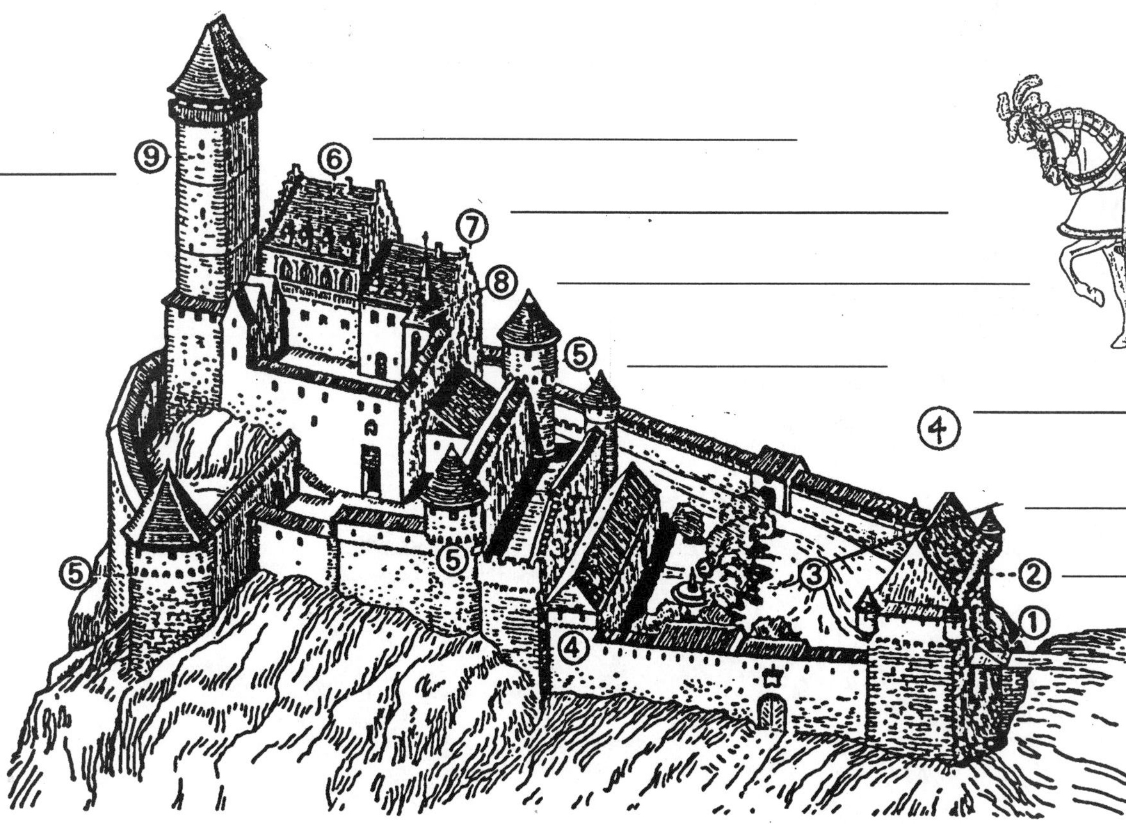

❷ Wie verlief der Zweikampf ? Nummeriere die Sätze in der richtigen Reihenfolge ! 3

- ❑ Der Kampf wird zu Fuß mit Schwertern fortgesetzt.
- ❑ Der Besiegte ergibt sich mit gebeugten Knien.
- ❑ Es wird zu Pferde mit Lanzen gekämpft.

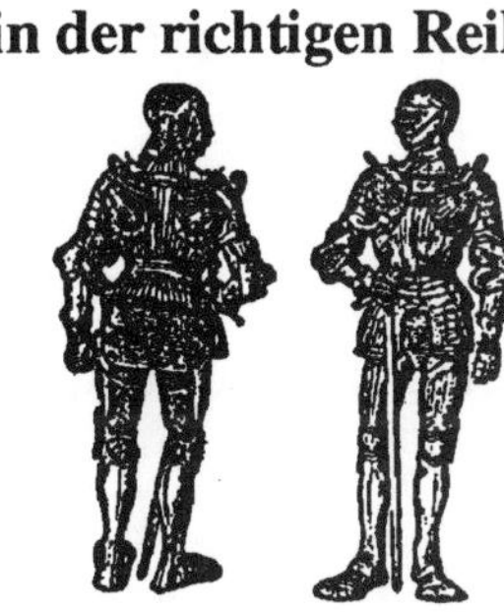

❸ Welches sind echte Rittertugenden? Kreuze an ! 5

❍ Hochgemut ❍ Bequemlichkeit ❍ Anständigkeit ❍ Freigebigkeit ❍ Mut
❍ Verschlagenheit ❍ Tadellosigkeit ❍ Ehrenhaftigkeit ❍ Gutmütigkeit
❍ Ergebenheit vor Gott und Kirche ❍ Tapferkeit ❍ Feigheit ❍ Kampfesfreude
❍ Dienstbarkeit zum Kaiser ❍ Furchtlosigkeit ❍ Ungerechtigkeit

5

❹ Wer half bei den Turnieren?

❺ Kennst du einen anderen Namen für Turnier ? ______________ 1

❻ Nenne zwei Ausdrücke aus der Ritterzeit, die wir heute noch gebrauchen ! 2

25

Lösung: Von Burgen, Rittern und Turnieren

❶ Kannst du die Teile einer Burg richtig benennen?

1 = Zugbrücke 2 = Burgtor 3 = Zwinger 4 = Ställe 5 = Türme
6 = Herrenbau, Pals 7 = Frauenbau, Kemenate 8 = Kapelle 9 = Bergfried

❷ Wie verlief der Zweikampf ? Nummeriere die Sätze in der richtigen Reihenfolge !

[2] Der Kampf wird zu Fuß mit Schwertern fortgesetzt.
[3] Der Besiegte ergibt sich mit gebeugten Knien.
[1] Es wird zu Pferde mit Lanzen gekämpft.

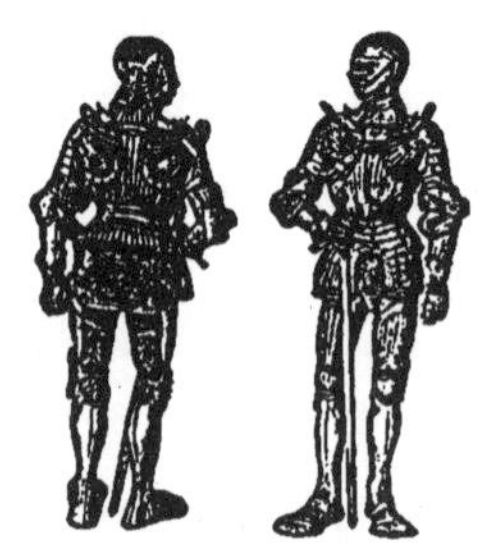

❸ Welches sind echte Rittertugenden? Kreuze an !

○ Hochgemut ○ Bequemlichkeit ● Anständigkeit ○ Freigebigkeit ● Mut
○ Verschlagenheit ● Tadellosigkeit ● Ehrenhaftigkeit ○ Gutmütigkeit
● Ergebenheit vor Gott und Kirche ● Tapferkeit ○ Feigheit ● Kampfesfreude
○ Dienstbarkeit zum Kaiser ● Furchtlosigkeit ○ Ungerechtigkeit

❹ Wer half bei den Turnieren?

Turniervögte, Herolde (Ausrufer),
Wappenkönige, Grieswärtel
(als Schiedsrichter beim Kampf)
Prügelknechte (= Platzordner)

❺ Kennst du einen anderen Namen für Turnier ? *Tjost*

❻ Nenne zwei Ausdrücke aus der Ritterzeit, die wir heute noch gebrauchen !

eine Lanze brechen für jemand - sich die Sporen verdienen- hieb- und stichfest sein

Die Klöster, Pflegestätten mittelalterlicher Kultur

❶ Seit wann finden wir Klostergründungen nördlich der Alpen ? 1

❍ seit dem 6. Jahrhundert ❍ seit dem 8. Jahrhundert ❍ seit dem 10. Jahrhundert

❷ Nenne drei Mönchsorden, die seit dem frühen Mittelalter in der Volksseelsorge tätig sind ! 3

____

❸ Wie heißt die Vorsteherin eines Klosters ?

❍ Novizin ❍ Äbtissin ❍ Nonne ❍ Ordensleiterin ❍ Ordensgründerin 1

❹ Wie lebten Patres in einem Kloster zusammen ?

❍ mit festen Ordensregeln ❍ genossenschaftlich ❍ hierarchisch ❍ ohne Regeln 3

❺ Welcher oberster Grundsatz galt im Kloster ? 2
(Er galt als Leitregel der Benediktiner!)

____

❻ Nenne 7 Tätigkeiten, die von Mönchen ausgeübt wurden ! 7

____

____

____

❼ Welcher Ordensgründer gilt für alle Klostergemeinschaften als Vorbild ? 1

____

❽ Er legte eine Ordnung für das Zusammenleben der Mönche fest. Nenne drei Ordensgelübde ! 3

____

❾ Die Orden übernahmen besondere Arbeiten. Ordne mit Pfeilen richtig zu ! 3

Benediktiner	Volksseelsorge und Krankenpflege
Franziskaner	eifrige Prediger
Dominikaner	Lehrer und Wissenschaftler

❿ Stimmen diese Aussagen ? 4

Das einzelne Mitglied eines Mönchsordens war reich.	❍ richtig	❍ falsch
Der Orden selbst war meist sehr arm.	❍ richtig	❍ falsch
Grundbesitzer vermachten oft den Klöstern ihren Besitz.	❍ richtig	❍ falsch
Ein Kloster war eine Welt für sich, abgeschlossen und autark.	❍ richtig	❍ falsch

11. **Welcher Orden legte seine Klöster in den dichtesten Wälder an ?** 1

____

12. **Die Orden brachten auch Kultur in das Land der Slawen jenseits der Elbe. Hier hatte ein Abt weitere Aufgaben. Nenne zwei davon !** 2

____

2

13. **Zwei Nonnen erreichten große Bekanntheit wegen ihrer Klugheit und ihres Wissens!**

____

33

Lösung: Die Klöster, Pflegestätten mittelalterlicher Kultur

❶ Seit wann finden wir Klostergründungen nördlich der Alpen ?

○ seit dem 6. Jahrhundert ● seit dem 8. Jahrhundert ○ seit dem 10. Jahrhundert

❷ Nenne drei Mönchsorden, die seit dem frühen Mittelalter in der Volksseelsorge tätig sind !

Benediktiner, Franziskaner, Dominikaner

❸ Wie heißt die Vorsteherin eines Klosters ?

○ Novizin ● Äbtissin ○ Nonne ○ Ordensleiterin ○ Ordensgründerin

❹ Wie lebten Patres in einem Kloster zusammen ?

● mit festen Ordensregeln ● genossenschaftlich ● hierarchisch ○ ohne Regeln

❺ Welcher oberster Grundsatz galt im Kloster ?
(Er galt als Leitregel der Benediktiner!)

Ora et labora, bete und arbeite

❻ Nenne 7 Tätigkeiten, die von Mönchen ausgeübt wurden !

Andacht und Gottesdienst, Krankenpflege, Armenpflege, Seelsorge außerhalb des Klosters, Unterricht und Bildung, Studium und Bücher abschreiben, Gartenarbeit und Kräuterheilkunde, Handwerk und Feldarbeit

❼ Welcher Ordensgründer gilt für alle Klostergemeinschaften als Vorbild ?

Benedikt von Nursia

❽ Er legte eine Ordnung für das Zusammenleben der Mönche fest. Nenne drei Ordensgelübde !

arm zu bleiben, nicht zu heiraten (Zölibat), dem Abt gehorsam zu sein

❾ Die Orden übernahmen besondere Arbeiten. Ordne mit Pfeilen richtig zu !

Benediktiner ↘ Lehrer und Wissenschaftler
Franziskaner ↗ Volksseelsorge und Krankenpflege
Dominikaner ↗ eifrige Prediger

(Volksseelsorge und Krankenpflege / eifrige Prediger / Lehrer und Wissenschaftler)

❿ Stimmen diese Aussagen ?

Das einzelne Mitglied eines Mönchsordens war reich.	○ richtig	● falsch
Der Orden selbst war meist sehr arm.	○ richtig	● falsch
Grundbesitzer vermachten oft den Klöstern ihren Besitz.	● richtig	○ falsch
Ein Kloster war eine Welt für sich, abgeschlossen und autark.	● richtig	○ falsch

11. **Welcher Orden legte seine Klöster in den dichtesten Wälder an ?**
Zisterzienser

12. **Die Orden brachten auch Kultur in das Land der Slawen jenseits der Elbe. Hier hatte ein Abt weitere Aufgaben. Nenne zwei davon !**
Einziehen von Steuern, Ausüben der Gerichtbarkeit

13. **Zwei Nonnen erreichten große Bekanntheit wegen ihrer Klugheit und ihres Wissens!**
Roswitha von Gandersheim und Hildegard von Bingen

Die Landwirtschaft im Mittelalter

❶ Setze folgende Begriffe in der Tabelle richtig ein:
Wald - Äcker - Höfe - Weide - Gärten - Ställe - Bach - Weiher

8

Eigentum des Bauern	genossenschaftlich genutzt
____________________	____________________

❷ Wie heißt der genossenschaftlich genutzte Teil der Gemarkung ? 1

❍ Allianz ❍ Alimente ❍ Allmende ❍ Allemagne ❍ Allgemeingut ❍ Allsam

❸ Für den Landausbau standen zur Verfügung ...

❍ Moore ❍ Äcker ❍ Weiden ❍ Gärten ❍ Wälder ❍ Parkanlagen ❍ Höfe 3

❹ Von wem konnten die Bauern Land zur Vergrößerung der Anbauflächen bekommen? 3

__________ __________ __________

❺ Neben der Suche nach Land zum Landausbau gab es noch zwei Gründe, die die Bauern in die Grundherrschaft brachten. Nenne sie ! 2

____________________ ____________________

❻ Stimmen diese Aussagen? Kreuze die richtigen an ! 2

❍ Für die Nutzung des Bodens mussten die Bauern Abgaben und Fron erbringen.
❍ Die unfrei und abhängig gewordenen Bauern hießen Hörige.
❍ Grundherrschaft bedeutet nicht immer "Herrschaft über Land und Leute".

❼ Lückentext - Kannst du die fehlenden Begriffe finden ? 8

Im Mittelalter arbeiteten mehr als _____ Prozent der arbeitsfähigen Bevölkerung in der Landwirtschaft; heute sind es in Deutschland weniger als ______ Prozent.
Die Landwirtschaft diente im Mittelalter in erster Linie der ____________________ der Bauern.
Zusätzliche Produktion war nötig für Abgaben (= **Zehnt**) und für den Erwerb von ________ , die der Bauer nicht selbst herstellen konnte (z.B. Arbeitsgeräte).
Eine Produktionssteigerung wurde im Mittelalter durch die ____________________ ermöglicht.
Eine Möglichkeit der Produktionssteigerung war auch die Erweiterung der Ackerfläche durch ___________ und ________________ .

❽ Die Landwirtschaft konnte im Mittelalter 2

❍ eine beliebige Zahl
❍ eine unbestimmte Zahl
❍ eine Höchstzahl
❍ eine große Zahl
❍ nur eine bestimmte Zahl
von Menschen ernähren.

29

❾ Im Mittelalter wuchs die Bevölkerung nur sehr langsam. Nenne einen Grund !

____

Lösung: Die Landwirtschaft im Mittelalter

❶ Setze folgende Begriffe in der Tabelle richtig ein:
Wald - Äcker - Höfe - Weide - Gärten - Ställe - Bach - Weiher

Eigentum des Bauern	genossenschaftlich genutzt
Äcker, Höfe, Gärten, Ställe	***Wald, Weide, Bach, Weiher***

❷ Wie heißt der genossenschaftlich genutzte Teil der Gemarkung ?
❍ Allianz ❍ Alimente ● Allmende ❍ Allemagne ❍ Allgemeingut ❍ Allsam

❸ Für den Landausbau standen zur Verfügung ...
● Moore ❍ Äcker ● Weiden ❍ Gärten ● Wälder ❍ Parkanlagen ❍ Höfe

❹ Von wem konnten die Bauern Land zur Vergrößerung der Anbauflächen bekommen?
König, Kirche, Adel

❺ Neben der Suche nach Land zum Landausbau gab es noch zwei Gründe, die die Bauern in die Grundherrschaft brachten. Nenne sie !
Befreiung vom Heerdienst, Schutz bei feindlichen Angriffen

❻ Stimmen diese Aussagen? Kreuze die richtigen an !
● Für die Nutzung des Bodens mussten die Bauern Abgaben und Fron erbringen.
● Die unfrei und abhängig gewordenen Bauern hießen Hörige.
❍ Grundherrschaft bedeutet nicht immer "Herrschaft über Land und Leute".

❼ Lückentext - Kannst du die fehlenden Begriffe finden ?
Im Mittelalter arbeiteten mehr als ***90*** Prozent der arbeitsfähigen Bevölkerung in der Landwirtschaft; heute sind es in Deutschland weniger als ***10*** Prozent.
Die Landwirtschaft diente im Mittelalter in erster Linie der ***Selbstversorgung*** der Bauern.
Zusätzliche Produktion war nötig für Abgaben (= **Zehnt**) und für den Erwerb von ***Waren***, die der Bauer nicht selbst herstellen konnte (z.B. Arbeitsgeräte).
Eine Produktionssteigerung wurde im Mittelalter durch die ***Dreifelderwirtschaft*** ermöglicht.
Eine Möglichkeit der Produktionssteigerung war auch die Erweiterung der Ackerfläche durch ***Rodung*** und ***Neusiedlung***.

❽ Die Landwirtschaft konnte im Mittelalter
❍ eine beliebige Zahl
❍ eine unbestimmte Zahl
❍ eine Höchstzahl
❍ eine große Zahl
● nur eine bestimmte Zahl
von Menschen ernähren.

❾ Im Mittelalter wuchs die Bevölkerung nur sehr langsam. Nenne einen Grund !
Die Knappheit der Nahrungsmittel (oder: schlechte Ernten)

Marktordnung und Zunftleben

❶ Unsinntext - Findest du die falschen Wörter ? 8

Jede Stadt hatte eine andere Marktordnung. Sie galt für den Hauptmarktplatz. Auf ihm wurden zumeist Fleisch und Fisch, Gemüse und Gewürze, nie aber Kleider und Töpfe verkauft. Die Marktordnung erstreckte sich aber auch auf die Nebenmärkte, die für Korn, Vieh, Holz und Heu zuständig waren. Auf dem Hauptmarkt fand man auch die Lauben, Kramhäuser und Verkaufsstände der Handwerker.

Verboten war der Vorkauf, d. h. der Kauf vor den Toren der Stadt, um die Ware vielleicht mit einem Zwischengewinn weiterverkaufen zu können. Der Weg vom Produzenten zum Verbraucher sollte möglichst lang sein. Alle Waren derselben Art mussten aufeinander liegen. So konnte der Käufer Qualität und Preis vergleichen. Die Preise durften - außer bei handwerklichen Erzeugnissen - nicht frei bestimmt werden. Dafür war der Preisrichter zuständig. Manchmal griff sogar der Stadtrat ein, um für lebenswichtige Nahrungsmittel wie Brot und Fleisch in Notzeiten den Preis zu halten. Preisabsprachen der Händler und jeder unlautere Wettbewerb wurde mit der Todesstrafe geahndet.

❷ Stimmen diese Aussagen ? Kreuze die richtigen an ! 4

❍ Die Maße und Gewichte wurden vom Rat der Stadt festgelegt.
❍ In den Städten gab es überall anderes Geld.
❍ Wer mit einem falschen Maß maß, wurde an den Pranger gestellt.
❍ Die Fernhändler wurden auch Krämer oder Höker genannt.
❍ Die Stadt übte einen starken Druck auf die Bauern aus, indem die Preise für landwirtschaftliche Produkte niedrig gehalten wurden.

❸ Wie hieß die Genossenschaft, die allein die Interessen der Handwerker vertrat ? 1

____

❹ Bis zum 12. Jahrhundert blieben die Handwerker Leibeigene des Grundbesitzers. Gerade in den freien Städten waren die Handwerker aber selbstständig. Welche Vorteile brachte das? 3

____
____
____

❺ Worüber musste man sich grundsätzlich einigen ?

❍ Anzahl der Meister, Gesellen und Lehrlinge je Betrieb ❍ Beschaffung der Rohstoffe 7
❍ Arbeitsmethoden ❍ Fernhandel ❍ Arbeitszeit ❍ Löhne ❍ Preise
❍ Qualität der Produkte ❍ Ausschalten der Konkurrenz ❍ beschränkter Wettbewerb

❻ Wer überwachte die Vorschriften? **❼ Wie hießen Nichtmitglieder der Zunft ?** 2

______________________________ ______________________________

❽ Die Handwerker machten innerhalb der Stadtbevölkerung 1

❍ 40 Prozent ❍ 50 Prozent ❍ 60 bis 70 Prozent ❍ 80 Prozent aus.

❾ Die Zünfte gestalteten das Stadtleben mit. Nenne drei Beispiele ! 3

____

❿ Im 14. Jahrhundert kam es vielerorts zu Revolutionen der Zünfte, die von den Städten öffentliche Rechenschaft über die öffentlichen Gelder forderten. Was war die Folge? 2

____

31

Lösung: Marktordnung und Zunftleben

❶ Unsinntext - Findest du die falschen Wörter ?

Jede Stadt hatte eine andere Marktordnung. Sie galt für den Hauptmarktplatz. Auf ihm wurden zumeist Fleisch und Fisch, Gemüse und Gewürze, nie aber Kleider und Töpfe verkauft. Die Marktordnung erstreckte sich aber auch auf die Nebenmärkte, die für Korn, Vieh, Holz und Heu zuständig waren. Auf dem Hauptmarkt fand man auch die Lauben, Kramhäuser und Verkaufsstände der Handwerker.

Verboten war der Vorkauf, d. h. der Kauf vor den Toren der Stadt, um die Ware vielleicht mit einem Zwischengewinn weiterverkaufen zu können. Der Weg vom Produzenten zum Verbraucher sollte möglichst lang sein. Alle Waren derselben Art mussten aufeinander liegen. So konnte der Käufer Qualität und Preis vergleichen. Die Preise durften - außer bei handwerklichen Erzeugnissen - nicht frei bestimmt werden. Dafür war der Preisrichter zuständig. Manchmal griff sogar der Stadtrat ein, um für lebenswichtige Nahrungsmittel wie Brot und Fleisch in Notzeiten den Preis zu halten. Preisabsprachen der Händler und jeder unlautere Wettbewerb wurde mit der Todesstrafe geahndet.

❷ Stimmen diese Aussagen ? Kreuze die richtigen an !

● Die Maße und Gewichte wurden vom Rat der Stadt festgelegt.
● In den Städten gab es überall anderes Geld.
● Wer mit einem falschen Maß maß, wurde an den Pranger gestellt.
❍ Die Fernhändler wurden auch Krämer oder Höker genannt.
● Die Stadt übte einen starken Druck auf die Bauern aus, indem die Preise für landwirtschaftliche Produkte niedrig gehalten wurden.

❸ Wie hieß die Genossenschaft, die allein die Interessen der Handwerker vertrat ?

Zunft

❹ Bis zum 12. Jahrhundert blieben die Handwerker Leibeigene des Grundbesitzers. Gerade in den freien Städten waren die Handwerker aber selbstständig. Welche Vorteile brachte das?

Sie konnten ihre Interessen gemeinsam vertreten.
Sie erlangten das Recht, die Berufsgenossen zum Zunfteintritt zu zwingen.
Sie teilten die Arbeit auf, um ihren Verdienst zu sichern.

❺ Worüber musste man sich grundsätzlich einigen ?

● Anzahl der Meister, Gesellen und Lehrlinge je Betrieb ● Beschaffung der Rohstoffe
● Arbeitsmethoden ❍ Fernhandel ● Arbeitszeit ● Löhne ● Preise
● Qualität der Produkte ❍ Ausschalten der Konkurrenz ❍ beschränkter Wettbewerb

❻ Wer überwachte die Vorschriften?

der "Schaumeister" oder Obermeister

❼ Wie hießen Nichtmitglieder der Zunft ?

Pfuscher

❽ Die Handwerker machten innerhalb der Stadtbevölkerung

❍ 40 Prozent ❍ 50 Prozent ● 60 bis 70 Prozent ❍ 80 Prozent aus.

❾ Die Zünfte gestalteten das Stadtleben mit. Nenne drei Beispiele !

Besuch von Messen und Festen, soziale Fürsorge, Gesellschaftstreffen

❿ Im 14. Jahrhundert kam es vielerorts zu Revolutionen der Zünfte, die von den Städten öffentliche Rechenschaft über die öffentlichen Gelder forderten. Was war die Folge?

Handwerker wurden neben Patriziern und Kaufleuten in den Rat aufgenommen.

Krankheit und Not

❶ Im Mittelalter war die ärztliche Versorgung ... 2

❍ hoch entwickelt ❍ in der Stadt besser als auf dem Land ❍ äußerst schlecht .

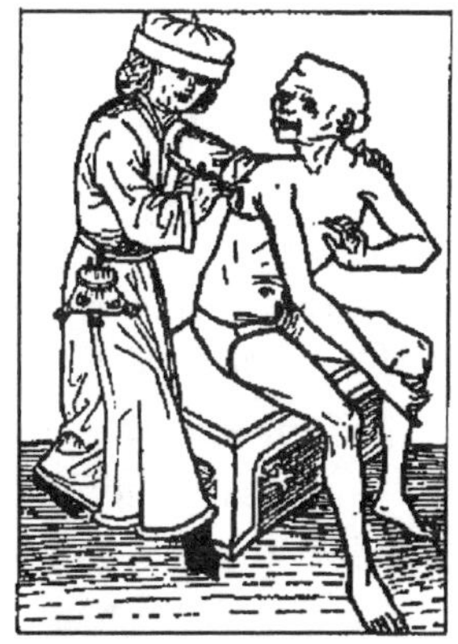

❷ Forschung und Lehre waren ❍ frei ❍ nicht frei .

❸ Stimmen diese Aussagen? Kreuze die richtigen an ! 4

❍ Hygiene war in den Städten und auf dem Land wenig entwickelt.
❍ Manchmal rafften Seuchen einen großen Teil der Bevölkerung dahin.
❍ Erfreulicherweise war die Säuglingssterblichkeit nicht besonders hoch.
❍ Die durchschnittliche Lebenserwartung betrug nur 35 Jahre.
❍ In Krankheit und Not versuchten die Menschen, durch ungewöhnliche Bußen Gott gnädig zu stimmen.

❹ Während im Mittelalter die Menschen vor Krankheiten entweder flüchteten oder sich im Haus einschlossen, gibt es heute andere Maßnahmen. Kreuze die richtigen an ! 3

❍ Schutzimpfungen ❍ Trinkwasserreinigung ❍ Schließung von Schulen
❍ Rauchverbot ❍ Straßenreinigung ❍ Desinfektionen ❍ Isolieren von Kranken

❺ Wir vergleichen damals und heute - Kennzeichne mit zwei verschiedenen Farben ! 6

Einrichtungen der Hygiene verhindern die Ausbreitung von Krankheiten.
Es gab keine oder nur wenig ausgebildete Ärzte.
Gründliche Kenntnisse der Anatomie fehlten.
Leichenöffnungen, die dem Studium der Anatomie dienten, waren verboten.
Die Ärzte sind gut ausgebildet; sie haben ein langes Studium.
Mangelnde Hygiene verursachte zahlreiche Krankheiten, vor allem Infektionskrankheiten.

❻ Was geschah im Mittelalter mit Aussätzigen ? 3

❍ Priester erklärten einen Menschen für aussätzig.
❍ Richter und Ärzte erklärten einen Menschen für aussätzig.
❍ Ein Aussätziger musste eine besondere Kleidung tragen.
❍ Ein Aussätziger musste weit außerhalb der Stadt in ein besonderes Haus einziehen.
❍ Er durfte die ihm zugewiesene Behausung nur in der Nacht verlassen.

❼ Welche Auffassung über Krankheit hatten die Menschen damals ? 2

____

❽ Welche Maßnahmen bei Seuchen im Mittelalter angewendet wurden, bereitet uns heute Kopfschütteln. Trage die richtigen Begriffe ein ! 10

Ursachen für Krankheiten: ______________________
Überträger: ______________________
Medizinische Mittel: ______________________
Religiöse Maßnahmen: ______________________
Gesellschaftliche Maßnahmen: ______________________
____
____

❾ Was versteht man unter einem „Geißler" ? 2

____

____

32

Lösung: Krankheit und Not

❶ Im Mittelalter war die ärztliche Versorgung ...

❍ hoch entwickelt ❍ in der Stadt besser als auf dem Land ● äußerst schlecht .

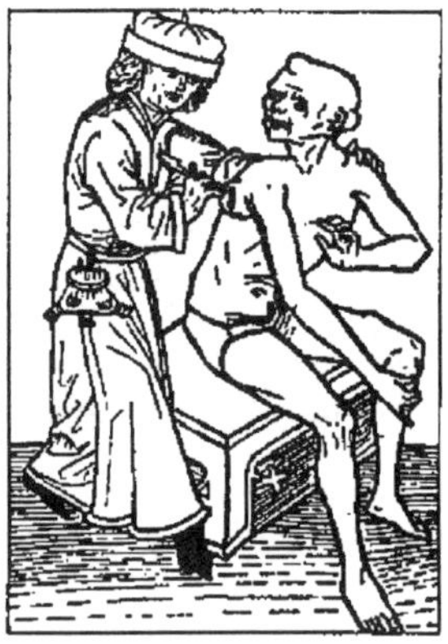

❷ Forschung und Lehre waren ❍ frei ● nicht frei .

❸ Stimmen diese Aussagen? Kreuze die richtigen an !

● Hygiene war in den Städten und auf dem Land wenig entwickelt.
● Manchmal rafften Seuchen einen großen Teil der Bevölkerung dahin.
❍ Erfreulicherweise war die Säuglingssterblichkeit nicht besonders hoch.
● Die durchschnittliche Lebenserwartung betrug nur 35 Jahre.
● In Krankheit und Not versuchten die Menschen, durch ungewöhnliche Bußen Gott gnädig zu stimmen.

❹ Während im Mittelalter die Menschen vor Krankheiten entweder flüchteten oder sich im Haus einschlossen, gibt es heute andere Maßnahmen. Kreuze die richtigen an !

● Schutzimpfungen ● Trinkwasserreinigung ● Schließung von Schulen
❍ Rauchverbot ● Straßenreinigung ● Desinfektionen ● Isolieren von Kranken

❺ Wir vergleichen damals und heute - Kennzeichne mit zwei verschiedenen Farben !

Einrichtungen der Hygiene verhindern die Ausbreitung von Krankheiten.
Es gab keine oder nur wenig ausgebildete Ärzte.
Gründliche Kenntnisse der Anatomie fehlten.
Leichenöffnungen, die dem Studium der Anatomie dienten, waren verboten.
Die Ärzte sind gut ausgebildet; sie haben ein langes Studium.
Mangelnde Hygiene verursachte zahlreiche Krankheiten, vor allem Infektionskrankheiten.

❻ Was geschah im Mittelalter mit Aussätzigen ?

❍ Priester erklärten einen Menschen für aussätzig.
● Richter und Ärzte erklärten einen Menschen für aussätzig.
● Ein Aussätziger musste eine besondere Kleidung tragen.
● Ein Aussätziger musste weit außerhalb der Stadt in ein besonderes Haus einziehen.
❍ Er durfte die ihm zugewiesene Behausung nur in der Nacht verlassen.

❼ Welche Auffassung über Krankheit hatten die Menschen damals ?

Sie hielten Krankheiten für eine Strafe des allmächtigen Gottes.

❽ Welche Maßnahmen bei Seuchen im Mittelalter angewendet wurden, bereitet uns heute Kopfschütteln. Trage die richtigen Begriffe ein !

Ursachen für Krankheiten:	***Schmutz, Unrat, fehlende Hygiene***
Überträger:	***Ratten, Flöhe***
Medizinische Mittel:	***Aderlass, Kräuter***
Religiöse Maßnahmen:	***Prozessionen, Bittgänge***
Gesellschaftliche Maßnahmen:	***Ausstoßen aus der Gesellschaft,***
	Errichtung von Krankenhäusern

❾ Was versteht man unter einem „Geißler“ ?

Menschen gingen in einem prozessionsartigen Zug und schlugen sich mit Geißeln, um Krankheiten und Sünden aus dem Körper zu eliminieren.

Rechtsprechung im Mittelalter

❶ Gesucht ist ein Gesetzeswerk! 2

Es besteht aus zwei Büchern, dem Landrecht und dem Lehnsrecht. Das Landrecht, der wichtigste Teil, ist in niederdeutscher Mundart geschrieben, das Lehnsrecht ist jünger und nur in lateinischem Text erhalten. Gesammelt wurde darin das damals geltende sächsische Recht mit Ausnahme der Stadt-, Dienst- und Hufrechte.

Wie heißt es ? ________________________________

❷ Um „unehrlichen Leuten“, Landstreichern, Bettlern und herumziehendem Volk, wenn sie als Räuber, Diebe oder Brandstifter ergriffen wurden, kurzen Prozess zu machen, genügte für eine Verurteilung 1

❍ der Eid zweier Ankläger mit zwei Eideshelfern
❍ der Eid eines Anklägers mit zwei Eideshelfern
❍ der Eid eines Anklägers mit sechs Eideshelfer .

❸ Alte Rechtsbräuche finden wir in heutigen Redensarten. Was bedeutet was ? 6

die Ehre abschneiden: ________________________________
jemanden ungeschoren lassen ________________________________
unter den Hammer kommen ________________________________
verfemt sein ________________________________
anprangern ________________________________
brandmarken ________________________________

❹ Welche Aussagen stimmen ? Kreuze die richtigen an ! 3

❍ Das Geheimwissen um heilende und schädigende Pflanzenauszüge lag von alters her bei den Frauen.
❍ Bei der mühevollen Christianisierung der Germanen und Kelten wurde den Priesterinnen der alten Religionen Feindschaft entgegengebracht.
❍ Anhänger der alten Religionen wurden von der Kirche als Ketzer verfolgt.
❍ Gemäß römischem Recht wurden Hexen auf Zauberei verklagt.
❍ Die Todesstrafe gab es nur für schwere Verbrechen (Mord und Totschlag).
❍ Ertränken und Lebendigbegrabenwerden waren vor allem Frauenstrafen.
❍ Als leichtere Strafen galten Verstümmelungen, Verbannung und Brandmarken.

❺ Wir vergleichen germanisches, römisches und heutiges Recht. Kannst du mit drei verschiedenen Farben die Sätze richtig unterstreichen ? 13

germanisches Recht   römisches Recht   heutiges Recht

Jede Partei muss sich einen Anwalt nehmen.
Kläger und Ankläger vertreten selbst ihre Interessen.
Der Staatsanwalt vertritt die Interessen der Rechtsordnung; der Beschuldigte kann sich einen Verteidiger nehmen.
Gerichtsverfahren wurden schriftlich abgewickelt.
Rechtsprechung erfolgte mündlich unter freiem Himmel.
Zeugenaussagen und Verhandlungen erfolgen mündlich, jedoch werden schriftliche Protokolle angefertigt.
Verurteilung mit Hilfe eines Gottesurteils.
Verurteilung mit Hilfe eines (oft erzwungenen) Geständnisses.
Verurteilung auf Grund von z. B. Indizien
öffentliches Grichtsverfahren - geheimes Gerichtsverfahren
Ziel: Abschreckung und Vergeltung - Ziel: Wiedergutmachung und Resozialisierung

25

Lösung: Die Hanse als Vereinigung deutscher Fernkaufleute

❶ Schraffiere den hansischen Handelsraum. Nenne die punktierten Städte!

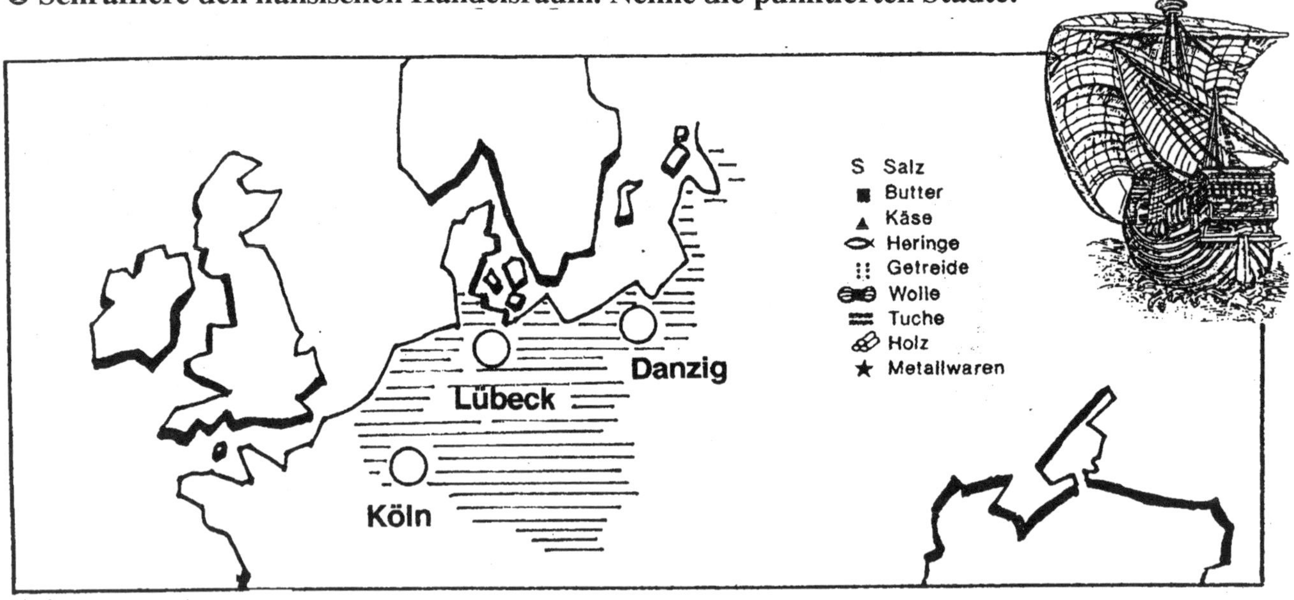

❷ Hauptort der Hanse war

❍ Brügge ❍ Köln ● Lübeck ❍ Stralsund ❍ Danzig ❍ Bremen ❍ Hamburg

❸ Finde die Fachausdrücke!

Die *Hansekontore* waren Niederlassungen der Hansekaufleute im Ausland; dort *stapelten und lagerten* sie ihre Waren.

❹ Die Blütezeit der Hanse dauerte

von ❍ 500 bis ❍ 1400
von ❍ 900 bis ● 1500
von ● 1300 bis ❍ 1700
(Kreuze die richtigen Zahlen an!)

❺ Man hat die Hanse als „Brücke zwischen den Märkten" an der Nord- und Ostsee bezeichnet. Was ist damit gemeint?

Sie sorgten für den Warenaustausch durch Handel über Grenzen hinweg.

❻ Finde die richtigen Begriffe!

Das leistungsfähige Transportmittel der Hansekaufleute war die ***Kogge***.
Die fortschrittliche Wirtschaftsform der Hanse zeigte sich im ***genossenschaftlichen Handel*** und ***bargeldlosen Zahlungsverkehr***.

❼ Die Hanse war ...

❍ ein Staatenbund ❍ ein Bund ❍ ein Stadtstaat ❍ ein Städtebündnis
● eine Gemeinschaft norddeutscher Städte ● Vereinigung deutscher Fernkaufleute

❽ Stimmen diese Aussagen? Kreuze die richtigen an !

● Den größten Teil ihrer Geschäfte wickelte die Hanse zur See ab.
❍ Die Hanse schlug vor allem Rohprodukte (Nahrungsmittel und Felle) aus dem Süden und Westen mit Fertigprodukten (Tuche) aus dem Osten und Norden Europas um.
● Ein Erfolgsgeheimnis der Hanse war die strikte Einhaltung der geltenden Handelsregeln, denen sich alle Mitgliedsstädte unterwarfen.
● Als die Staaten an der Nord- und Ostsee dazu übergingen, ihren Handel durch eigene Kaufleute und Schiffe besorgen zu lassen, ging die Blütezeit zu Ende.

Die Fugger als reiches Kaufmannsgeschlecht

❶ Das Kapital, mit dem sie Silber- und Kupferbergwerke kauften, verdienten die Fugger durch 5

❍ Leinenweberei ❍ Fernhandel ❍ Einkünfte aus Grundbesitz
❍ Verkauf von Textilwaren auf dem Markt in Augsburg

❷ In welchen Gebieten Europas kauften die Fugger Silber- und Kupferbergwerke auf ?

❍ Tirol ❍ Böhmen ❍ Italien ❍ Thüringen ❍ Schwaben ❍ Ungarn ❍ Harz

❸ Die Betriebsform eines Bergwerks, in dem die dort Arbeitenden gleichen Anteil an Besitz und Gewinn haben, nennen wir ...

❍ Handelsgesellschaft ❍ Zunft ❍ Gilde ❍ Genossenschaft

❹ Im 16. Jahrhundert bestanden die Einkünfte der Bergleute aus ...

❍ Gewinnanteil ❍ Lohn ❍ Einnahmen aus Erzverkauf ❍ Naturalien

❺ Trage die Begriffe Bergleute - fremde Kapitalgeber richtig ein: 4

1400 - Eigentümer der Betriebseinrichtungen eines Bergwerks: ________________

1480 - Eigentümer der Betriebseinrichtungen eines Bergwerks:

____

1530 - Eigentümer der Betriebseinrichtungen eines Bergwerks: ________________

❻ Welche Folgen ergaben sich für die Bergleute, als die Fugger ihre Bergwerke aufkauften? 1

____

❼ Bilde mit folgenden Begriffen einen sinnvollen Satz: Kapitalgeber - gehören - Wirtschaftsform - Produktionsmittel - Kapitalismus 5

____

____

❽ Jacob Fugger erlangte auch politische Macht. Auf welcher Grundlage bestand diese Macht? 2

____

____

❾ Jacob Fugger der Reiche soll mit ca. 7 Millionen Gulden (Bargeldbesitz!) der damals reichste Mann der Welt gewesen sein. 7 Millionen Gulden entsprachen etwa ... 3

❍ 2,8 Millionen DM ❍ 28 Millionen DM ❍ 280 Millionen DM ❍ 280 Milliarden DM

❿ Die Fugger errichteten für ihre Arbeiter eine Sozialsiedlung in Augsburg. Wie ist ihr Name ? 3

____

11. **Wie viele Mietwohnungen hat diese Sozialsiedlung ?**

❍ 10 Mietwohnungen ❍ 100 Mietwohnungen
❍ 1000 Mietwohnungen

12. **Die Fugger traten durch zahlreiche Stiftungen hervor. Nenne drei Bespiele !**

____

Lösung: Die Fugger als reiches Kaufmannsgeschlecht

❶ Das Kapital, mit dem sie Silber- und Kupferbergwerke kauften, verdienten die Fugger durch

○ Leinenweberei ● Fernhandel ○ Einkünfte aus Grundbesitz
○ Verkauf von Textilwaren auf dem Markt in Augsburg

❷ In welchen Gebieten Europas kauften die Fugger Silber- und Kupferbergwerke auf ?

● Tirol ○ Böhmen ○ Italien ○ Thüringen ○ Schwaben ● Ungarn ○ Harz

❸ Die Betriebsform eines Bergwerks, in dem die dort Arbeitenden gleichen Anteil an Besitz und Gewinn haben, nennen wir ...

○ Handelsgesellschaft ○ Zunft ○ Gilde ● Genossenschaft

❹ Im 16. Jahrhundert bestanden die Einkünfte der Bergleute aus ...

○ Gewinnanteil ● Lohn ○ Einnahmen aus Erzverkauf ○ Naturalien

❺ Trage die Begriffe Bergleute - fremde Kapitalgeber richtig ein:

1400 - Eigentümer der Betriebseinrichtungen eines Bergwerks: *Bergleute*
1480 - Eigentümer der Betriebseinrichtungen eines Bergwerks:
Bergleute und fremde Kapitalgeber
1530 - Eigentümer der Betriebseinrichtungen eines Bergwerks: *fremde Kapitalgeber*

❻ Welche Folgen ergaben sich für die Bergleute, als die Fugger ihre Bergwerke aufkauften?

Sie wurden Lohnarbeiter.

❼ Bilde mit folgenden Begriffen einen sinnvollen Satz: Kapitalgeber - gehören - Wirtschaftsform - Produktionsmittel - Kapitalismus

Unter Kapitalismus versteht man die Wirtschaftsform, in der die Produktionsmittel allein dem Kapitalgeber gehören.

❽ Jacob Fugger erlangte auch politische Macht. Auf welcher Grundlage bestand diese Macht?

Er unterstützte mit seinem Kapital Könige, machte Herrschende von seinem Kapital abhängig.

❾ Jacob Fugger der Reiche soll mit ca. 7 Millionen Gulden (Bargeldbesitz!) der damals reichste Mann der Welt gewesen sein. 7 Millionen Gulden entsprachen etwa ...

○ 2,8 Millionen DM ○ 28 Millionen DM ● 280 Millionen DM ○ 280 Milliarden DM

❿ Die Fugger errichteten für ihre Arbeiter eine Sozialsiedlung in Augsburg. Wie ist ihr Name ?

Fuggerei

11. **Wie viele Mietwohnungen hat diese Sozialsiedlung ?**

○ 10 Mietwohnungen ● 100 Mietwohnungen
○ 1000 Mietwohnungen

12. **Die Fugger traten durch zahlreiche Stiftungen hervor. Nenne drei Bespiele !**

Spitäler, Bibliotheken, Ankauf von Kunstwerken

Der gotische Baustil

❶ Lückentext - Kannst du den fehlenden Begriff einsetzen ? 1

Während im übrigen Europa noch romanisch gebaut wurde, entstand in den Städten Frankreichs ein neuer Baustil, die Gotik. Die Baumeister der Gotik wollten ________ in die Kirchen hereinlassen, so viel _______ wie möglich. Ein Baumeister schrieb: „Es handelt sich darum, die Seelen aufzuhellen und sie durch das naturgegebene _____ zum wahren __________ zu führen, zu dem Christus die Pforte ist.“

❷ Den Kunststil der Gotik finden wir in Europa in der Zeit von ... 1

○ 1100 bis 1200 ○ 1200 bis 1450 ○ 1400 - 1600

❸ Woran erkennt man den gotischen Baustil ? 4

○ Spitzbogen ○ Rundbogen ○ Strebepfeiler ○ kleine Rundfenster
○ große Fenster ○ reicher Schmuck ○ schwerelos ○ wuchtig und wehrhaft
○ emporstrebend ○ schmucklos ○ Kreuzgewölbe ○ Flügelaltäre

❹ Welche Art von öffentlichen Bauten wurde vorrangig errichtet ? 2

○ Kirchen ○ Rathäuser ○ Burgen ○ Bürgerhäuser ○ Zunfthäuser

❺ Welche zwei Stände wirkten damals führend im öffentlichen Leben mit ? 2

○ Bauern ○ Priester ○ Ritter ○ Handwerker ○ Bürger ○ Adel

❻ Welche Ereignisse und Entwicklungen begleiteten die Gotik ? 2

○ Zünfte ○ Kreuzzüge ○ Völkerwanderung ○ Blütezeit des Kaisertums
○ Hanse ○ Ritterorden ○ Hunneneinfälle ○ Christianisierung

❼ Stimmen diese Aussagen ? Kreuze die richtigen an ! 2

○ Den Baustil der Gotik nannte man später wörtlich übersetzt „barbarisch“.
○ Die Gewölbedecke einer gotischen Kirche ruht nicht mehr auf den Wänden, sondern auf riesigen Pfeilern.
○ Die Gewölbedecke scheint über den lichtdurchfluteten, durchsichtigen Wänden zu schweben, als wäre ihre Schwerkraft aufgehoben.
○ In einer gotischen Kirche sollte der Mensch sich lösen von der Last des Lebens und seinen Sinn zu Gott erheben.
○ Die unvergleichlichen Bauwerke der Gotik bauten und finanzierten Fürsten und Erzbischöfe.

❽ Kennzeichne aus den unten stehenden Abbildungen Werke aus der Gotik ! 4

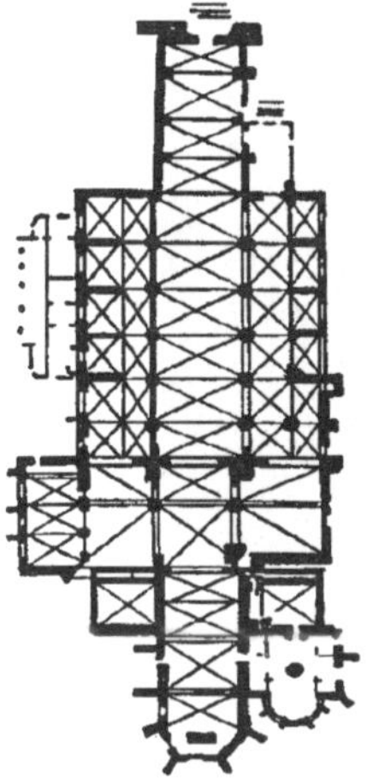

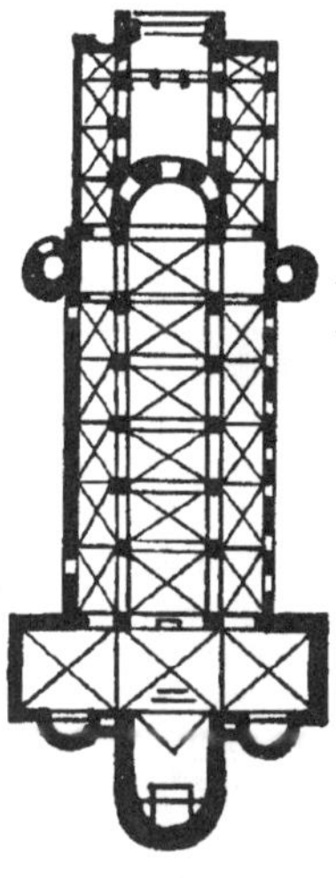

18

Bilder-Quiz

Auf dieser Seite findest du eine ganze Reihe von Bildern aus der Geschichte. Male nur die Bilder, die zum Mittelalter passen, rot aus !

Bildwort - Wortbild

Finde zu jedem Bild einen passenden Satz!

1

2

3

7

4

5

6

10

9

8

13

11

12
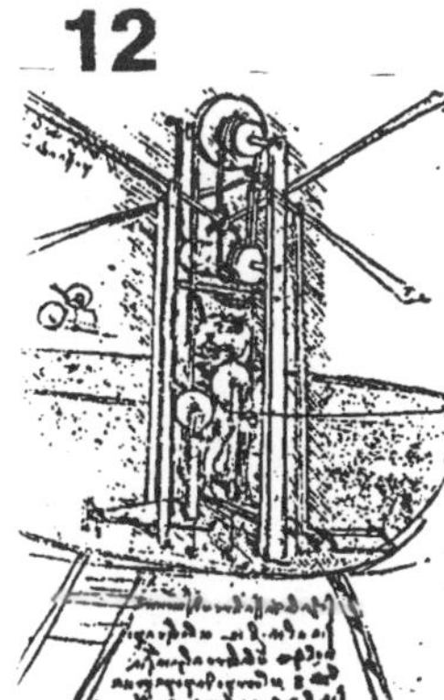

14

Zeitleiste

Versuche die Bilder, soweit es dir gelingt, zeitlich zu ordnen !
Schneide die Abbildungen aus und klebe sie auf ein Extra-Blatt !
Du kannst das Geschichtsbuch zur Hilfe nehmen !

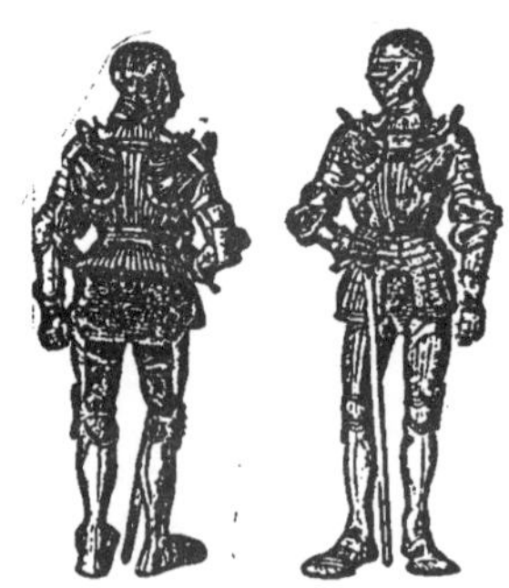

41	40	39	38	37	36	35	34	33	32	31	30	29	28	27	26	25	24	23	22	21	20	19	18	17	16	15
40	39	38	37	36	35	34	33	32	31	30	29	28	27	26	25	24	23	22	21	20	19	18	17	16	15	14
39	38	37	36	35	34	33	32	31	30	29	28	27	26	25	24	23	22	21	20	19	18	17	16	15	14	13
38	37	36	35	34	33	32	31	30	29	28	27	26	25	24	23	22	21	20	19	18	17	16	15	14	13	12
37	36	35	34	33	32	31	30	29	28	27	26	25	24	23	22	21	20	19	18	17	16	15	14	13	12	11
36	35	34	33	32	31	30	29	28	27	26	25	24	23	22	21	20	19	18	17	16	15	14	13	12	11	10
35	34	33	32	31	30	29	28	27	26	25	24	23	22	21	20	19	18	17	16	15	14	13	12	11	10	9
34	33	32	31	30	29	28	27	26	25	24	23	22	21	20	19	18	17	16	15	14	13	12	11	10	9	8
33	32	31	30	29	28	27	26	25	24	23	22	21	20	19	18	17	16	15	14	13	12	11	10	9	8	7
32	31	30	29	28	27	26	25	24	23	22	21	20	19	18	17	16	15	14	13	12	11	10	9	8	7	6
31	30	29	28	27	26	25	24	23	22	21	20	19	18	17	16	15	14	13	12	11	10	9	8	7	6	5
30	29	28	27	26	25	24	23	22	21	20	19	18	17	16	15	14	13	12	11	10	9	8	7	6	5	4
29	28	27	26	25	24	23	22	21	20	19	18	17	16	15	14	13	12	11	10	9	8	7	6	5	4	3
28	27	26	25	24	23	22	21	20	19	18	17	16	15	14	13	12	11	10	9	8	7	6	5	4	3	2
27	26	25	24	23	22	21	20	19	18	17	16	15	14	13	12	11	10	9	8	7	6	5	4	3	2	1
26	25	24	23	22	21	20	19	18	17	16	15	14	13	12	11	10	9	8	7	6	5	4	3	2	1	
25	24	23	22	21	20	19	18	17	16	15	14	13	12	11	10	9	8	7	6	5	4	3	2	1		
24	23	22	21	20	19	18	17	16	15	14	13	12	11	10	9	8	7	6	5	4	3	2	1			
23	22	21	20	19	18	17	16	15	14	13	12	11	10	9	8	7	6	5	4	3	2	1				
22	21	20	19	18	17	16	15	14	13	12	11	10	9	8	7	6	5	4	3	2	1					
21	20	19	18	17	16	15	14	13	12	11	10	9	8	7	6	5	4	3	2	1						
20	19	18	17	16	15	14	13	12	11	10	9	8	7	6	5	4	3	2	1							
19	18	17	16	15	14	13	12	11	10	9	8	7	6	5	4	3	2	1								
18	17	16	15	14	13	12	11	10	9	8	7	6	5	4	3	2	1									
17	16	15	14	13	12	11	10	9	8	7	6	5	4	3	2	1										
16	15	14	13	12	11	10	9	8	7	6	5	4	3	2	1											
15	14	13	12	11	10	9	8	7	6	5	4	3	2	1												
14	13	12	11	10	9	8	7	6	5	4	3	2	1													
13	12	11	10	9	8	7	6	5	4	3	2	1														
12	11	10	9	8	7	6	5	4	3	2	1															
11	10	9	8	7	6	5	4	3	2	1																
10	9	8	7	6	5	4	3	2	1																	
9	8	7	6	5	4	3	2	1																		
8	7	6	5	4	3	2	1																			
7	6	5	4	3	2	1																				
6	5	4	3	2	1																					
5	4	3	2	1																						
4	3	2	1																							
3	2	1																								
2	1																									
1																										

Note 1 hervorragend

Note 2 sehr gut gemacht

Note 3 gut gemacht

Note 4 in Ordnung

Note 5 leider lückenhaft

Note 6 große Bruchstücke

Punkte-Skala

Literatur

Zur Erstellung des Fragen-Kataloges wurde folgende Literatur verwendet:

Brokemper, Peter: Projekt Geschichte - Band 1: Vorgeschichte bis Mittelalter, Verlag an der Ruhr 1993

Heumann, H.: Problemorientierter Geschichtsunterricht Band 1, Hirschgraben-Verlag Frankfurt am Main 1981

Jahn, Friedrich, Geschichte spielend lernen, Diesterweg Frankfurt am Main 1992

Curriculum Geschichte, II. Mittelalter und beginnende Neuzeit - Schülermaterial 1 und 2, Diesterweg Frankfurt am Main 1979

Weiterführende Literatur:

Otto Zierer, Sternstunden der Weltgeschichte, Von den Mammutjägern zu den Kreuzrittern, 10.000 vor Chr. bis 1.200 nach Chr., Wiener Verlag Wien 1978

Otto Zierer, Sternstunden der Weltgeschichte, Vom Niedergang der Staufer zum Glanz von Versailles, 1200 bis 1770, Wiener Verlag Wien 1978

Otto Zierer, Welt- und Kulturgeschichte in 10 Bänden, Band II (Weltgeschichte 2) und Band VII (Kulturgeschichte 3), Füllhorn - Sachbuch - Verlag Stuttgart 1981

Johannes Bagusch, (Hrsg.), Illustrierte Weltgeschichte, Corvus Verlag Berlin 1981
Abenteuer Weltgeschichte - von den Pharaonen bis heute, Band 1, Manfred Pawlak Verlagsgesellschaft Herrsching o. J.

Bernard Champigneulle, Geschichte der Architektur, Editions Aimery Somogy Paris o. J.

Harald Parigger, Geschichte erzählt - von der Antike bis zum 20. Jahrhundert, Cornelsen Verlag Frankfurt am Main 1994

Walter Hansen, Die Ritter - eine Reportage über das Mittelalter, W. Ludwig Verlag Pfaffenhofen an der Ilm 1976

Waldemar Hoffmann, Georg Müller, Franz Bahl, Einst und jetzt - Geschichtserzählungen für das fünfte und sechste Schuljahr, Verlag Moritz Diesterweg Frankfurt am Main 1967

Willi Schmalz, Kleine deutsche Geschichte für Kinder, Band 1 - Von den Germanen bis zum Dreißigjährigen Krieg, Georg Bitter Verlag Recklinghausen o. J.

Heinrich Pleticha (Hrsg.), Deutsche Geschichte Band 1 bis 5, Verlagsgruppe Bertelsmann Gütersloh 1987

Freya Stephan - Kühn, Viel Spaß im Mittelalter! Spiel- und Lesebuch zur mittelalterlichen Geschichte, ArenaVerlag Georg Popp Würzburg 1984

Piero Ventura, Sag mir wie es damals war 1 - vom Altertum bis zum Mittelalter, Südwest Verlag München 1987

Gerd Grüneisl, Karla Leonhardt, Klaus Weschenfelder, Wolfgang Zacharias, Herzog, Mönch und Handwerksgsell - Wie die Menschen früher gelebt haben, Münchner Geschichte für Kinder und Erwachsene, Pädagogische Aktion München 1978

Gustav Adolf Süß, Wolgang Bickel, Ludwig Petry, Curriculum Geschichte II. Mittelalter und beginnende Neuzeit - Schülermaterial 1 und 2, Verlag Moritz Diesterweg Frankfurt am Main 1979

Schulbücher:

bsv Geschichte 2, Von frühen Mittelalter bis zum Westfälischen Frieden, von H. Holzbauer u. a., München 1983

Die Reise in die Vergangenheit, Bd. 1 von Ebeling/Birkenfeld, Westermann Verlag, Braunschweig

Erinnern und Urteilen [7] von L. Bernlochner u. a., Ernst Klett Schulbuchverlag, Stuttgart 1991

Erlebnis Geschichte 6, von Schwandner (Hrsg.), Oldenbourg Verlag München 1986

Geschichtsstunden 6, von L. Baumann u. a., Ernst Klett Schulbuchverlag, Stuttgart 1986

Geschichtliche Weltkunde Bd. 1 von W. Hug und H. Busley, Verlag Moritz Diesterweg, Frankfurt am Main 1979

Unsere Geschichte Bd. I, Von der Steinzeit bis zum Ende des Mittelalters von W. Hug u. a., Verlag Moritz Diesterweg, Frankfurt am Main 1984

Treffpunkt Geschichte 1 von H. Brack/D. Brückner, Buchners Verlag, Bamberg 1994
Geschichte für morgen 2, von H. Heumann/J. Hampel Hirschgraben-Verlag, Frankfurt.

H. Bleiziffer/E. Post-Lange/H. Rupprecht

G • S • E

Geschichte Sozialkunde Erdkunde

5. Jahrgangsstufe Bd. I

Inhaltsübersicht:

Lebensraum Schule
Mein Steckbrief
Spielen im Klassenzimmer
Unsere Klassenordnung
Die Schülermitverantwortung
Wir wählen unsere Klassensprecher
Vielfältige Schullaufbahnen
Schulhausrallye
Über unsere Schulordnung nachgedacht

Schule als Ort des Lernens
Schule in früheren Zeiten
Schule heute
Was erwarte ich von meiner neuen Schule?
Unsere Pinnwand
Wir planen einen Eltern-Schüler-Abend
Schule der Zukunft
Der kleine Nick und die Schule
Unsere ersten Schulwochen: Ein Spiel

Orientierung auf der Erde
Unsere Erde (Folie)
Unsere Erde: Kontinente und Ozeane
Welt-Puzzle
Quartett: Kontinente
Besuch aus dem Weltall
Meine Adresse im Weltall
Wir basteln uns einen Globus
Spiel: Findest du dich auf der Welt zurecht?

Geographische Fakten im europäischen Raum
Das Europaspiel
Die Großräume Europas
Europa: Grundriss
Europa: Staaten
Europa: Flüsse
Europa: Gebirge

Wie die Menschen sich auf der Erde orientieren
Orientierung auf der Erde
So findest du dich zurecht
In 1124 Tagen um die Welt
Die großen Entdecker
Der Kompass zeigt die Himmelsrichtungen an/
Weltkarten

G • S • E 5, Bd. I
Nr. 690 *128* **Seiten DM 34,80**

H. Bleiziffer/E. Post-Lange/H. Rupprecht

G • S • E

Geschichte Sozialkunde Erdkunde

5. Jahrgangsstufe Bd. II

Inhaltsübersicht:

Lebensgemeinschaften*
Ablauf 1
Meine Familie stellt sich vor
Mein Stammbaum
Fragen an meine Eltern und Großeltern
Das Wichtigste über mich
Memory: Familie
So viele verschiedene Lebensgemeinschaften
Erziehung kann sehr verschieden sein
Rollenspiel
Rollen in der Familie
Ablauf 2
Das Leben in früheren Zeiten
Was ein Bild erzählen kann
Dariusch lebt in einer großen Familie
Zu Besuch bei Ali-Reza
Nastaran erzählt von ihrem Leben in Teheran
Die Stiefel
Hier dreht sich alles um das Fernsehen
Mein Fernsehbild
Probleme - wer kann helfen
Behinderte Menschen*
Ablauf 1
Behindert - das kann jedem passieren
Behindert sein - mit Einschränkungen leben
Wie sich Blinde helfen
Wie`hören´Hörbehinderte
Behiderte helfen sich selbst
Behinderten wird geholfen
Miteinander Spaß haben
Ablauf 2
Behinderte am Arbeitsplatz
Mit Behinderten leben
Was sich Behinderte wünschen
Ein ganz besonderer Bruder
Alltägliche Dinge lernen
Hier haben Behinderte (keine) Probleme
Behinderte im Mittelalter
Geschichte: Ägypten
Ablauf 1
Wo ist Ägypten?
Ägypten - ein Geschenk des Nils
Ein Fluss, der kommt und geht
Der Nil prägt das Leben der Ägypter
Der Nil stellt den Ägyptern Aufgaben
Landwirtschaft im Niltal
Pyramiden - Gräber für die Ewigkeit
Carters große Entdeckung
Ablauf 2
Wie war der Ägyptische Staat aufgebaut?
Zeichenvorlage
Die ägyptische Staatspyramide
Die Religion der Ägypter
Leben nach dem Tod
ABC und Papier der alten Ägypter
Hieroglyphen - eine Geheimschrift?
Wissenschaftliche und technische Leistungen der Ägypter
Der Assuanstaudamm
Spiel: Eine Reise durch Ägypten
Zeichenvorlage
Geschichte: Griechenland
Ablauf 1
Die Olympischen Spiele
Die Götterwelt der Griechen
Die Götter Griechenlands
Terzett: Griechische Götter
Antike Sagen
Griechische Kultur
Griechische Tempel
Wissenschaft in Griechenland
Projekt `Theater´
Projekt `Vasenmalerei´
Ablauf 2
Griechenland
„Wie Frösche um den Teich"
Griechenlandkarte: Städte und Staaten
Wie lebten die Menschen in Athen?
Der lange Weg in die Demokratie
Die Idee des Kleisthenes
Demokratie in Athen
Die Akropolis von Athen
Griechenland - ein beliebtes Reiseziel
Willkommen in Griechenland
Wir reisen nach Griechenland

G • S • E 5, Bd. II
Nr. 691 *128* **Seiten DM 34,80**

J. Müller/E. Post-Lange/H. Rupprecht

G • S • E

Geschichte Sozialkunde Erdkunde

6. Jahrgangsstufe Bd. I

Inhaltsübersicht:

Ablauf 1: Römer in Süddeutschland
Die Kelten - ein Volk zieht durch Europa
Die Kelten - Burgen und Städte
Leben der Kelten
Die Kelten
Wie die Römer das Land erobern und sichern
Die Römer erobern und sichern das Land
Die Ausbreitung der römischen Zivilisation
Die Römer bringen ihre Zivilisation
Die Ausbreitung der römischen Zivilisation
Das Römische Reich in der Krise
Das Ende der römischen Herrschaft in Bayern
Die Besiedelung Bayerns
Ablauf 2: Germanen - Bajuwaren
So lebten die Germanen
Wie lebten die Germanen?
Von den Germanen
Germanen und Römer
Von den Bajuwaren
Wie lebten die Bajuwaren?
Die Bajuwaren
Ablauf 3: Römisches Weltreich
Die Sage von der Gründung Roms
Das Römische Weltreich - Vom Stadtstaat zum Weltreich
Der Zusammenhalt des Weltreiches - Militär und Verwaltung
Der Zusammenhalt des Weltreiches - Kultur
Der Zusammenhalt des Weltreiches - Gesellschaft
Der Zusammenhalt des Weltreiches - Wirtschaft
Der Zusammenhalt des Weltreiches - Ansichten einer römischen Stadt
Ablauf 4: Wandel und Untergang des Römischen Reiches
Der hl. Severin und der Untergang des Römischen Reiches
Die Ausbreitung des Christentums
Das Christentum - von der Verfolgung zur Anerkennung
Das Christentum im Römerreich
Germanische Reiche auf weströmischem Boden
Das neue Rom
Die Teilung des Römischen Reiches
Die Völkerwanderung
Der Islam - eine neue Religion entsteht
Der Islam breitet sich aus
Der Islam
Bayern
Ablauf 1: Topographie und politische Ordnung
Bayern: Grundkarte
Bayern: Flüsse und Seen
Bayern: wichtigste Städte
Bayern: Naturräume
Bayern: Gebirge
Bayern: Regierungsbezirke
Ablauf 2: Wirtschaftsräume - agrarische Produktionsschwerpunkte
Landwirtschaft in Bayern
Bayern: Landwirtschaft
Von der Landwirtschaft
Milchwirtschaft im Allgäu
Der Gäuboden
Die Hallertau
Weinbau in Franken
Ablauf 3: Wirtschaftsräume - industrielle Produktionsschwerpunkte /
Die Alpen / Bayern - ein Land in Deutschland
Industrielle Produktionsschwerpunkte
Industrie des Heimatraumes
Die Alpen
Die Alpen - von der landwirtschaftlichen Nutzung zum Fremdenverkehr
Die Alpen - Sport und Erholung
Garmisch-Partenkirchen - der Olympiaort unter der Zugspitze
Bayern - ein Land in Deutschland / Bundesländer und Nachbarstaaten
Bundesländerpuzzle
Bayern - ein Land in Deutschland / Daten
Spiel: Kennst du dich aus in Bayern?
Freizeit
Ablauf 1: Freizeit 1
Meine Freizeit
Zeit-Träume
traumreise
Meine Clique
Unsere Gemeinde
Hobbys und ihre Grenzen
Im alten Rom
Bei uns im alten Rom
Verändert das Fernsehen unsere Freizeit?
Freizeit und Fernsehen
Ein Filmkonzept entsteht
Ablauf 2: Freizeit 2
Kinder in Entwicklungsländern
Spiele aus anderen Ländern
Freizeit gestalten
Lesenacht
Projektthema: Kommunikation
- Kunstwerke können uns viel sagen
- Methodenseite: Schattentheater
- Freies Schreiben
Freizeit und freies Schreiben
Neue Freizeitbeschäftigungen entdecken

G • S • E 6, Bd. I
Nr. 692 *130* **Seiten DM 34,80**

J. Müller/E. Post-Lange/H. Rupprecht

G • S • E

Geschichte Sozialkunde Erdkunde

6. Jahrgangsstufe Bd. II

Inhaltsübersicht:

Sozialkunde: Wasser
Ablauf
Wasservorkommen in Bayern
Der Kreislauf des Wassers
Trinkwassergewinnung
Wir reinigen das Schmutzwasser
Abwasserbeseitigung
Wasserverbrauch und Wassersparen
Gesetzliche Maßnahmen und Bestimmungen
Wasser der Erde*
Bayern - Gewässergüte
Wasserversorgung im antiken Rom*
Der "schwarze Tod"*
Krankheiten - eine Geißel der Menschheit*
Geschichte: Mittelalter
1. Das Reich Karls des Großen
Ablauf
Das Leben Karls des Großen
Das fränkische Großreich entsteht
So regierte Karl der Große sein Reich
Die Sicherung der Grenzen
Die Verdienste Karl des Großen
Wer trug die Hauptlast der Kriege?
Krieg gegen die Sachsen
Die Bedeutung der Klöster
Kloster - Schrift - Sprache
Spiel: Im Reiche Karl des Großen
2. Das Dorf im hohen/späten Mittelalter
Ablauf
Das Dorf - eine selbständige Gemeinschaft
Das Dorf im Mittelalter
Nicht alle Bauern waren gleich!
Bauern in der Grundherrschaft
Die Bauern werden hörig
Herrschaft und Abhängigkeit - die Grundherrschaft
Das leben der Bauern im Mittelalter
Die Kirche im Mittelalter
Die Ordnung des dörflichen Zusammenlebens
Spiel: In einem mittelalterlichen Dorf
Im mittelalterlichen Dorf
2. Die Stadt im hohen/späten Mittelalter
Ablauf 1
Die mittelalterliche Stadt
Die Stadt eine selbständige Gemeinschaft
Stadtluft macht frei!
Handwerker in einer mittelalterlichen Stadt
Der Handel im Mittelalter
Die gesellschaftliche Ordnung in der mittelalterlichen Stadt
Spiel: In einer mittelalterlichen Stadt
Handwerker in der mittelalterlichen Stadt
Ablauf 2
Alltag in einer mittelalterlichen Stadt
Wer hilft den Armen, Alten und Kranken?
Kirchen zur Ehre Gottes und zum Ruhm der Stadt
Die Dombauhütte
Romantik - Ausdruck kaiserlicher und kirchlicher Macht
Die gotische Kirche - ein Abbild des Himmels
Romantik
Gotik
Die Geschichten des Kölner Domes
Mit Nase, Auge und Ohr in einer mittelalterlichen Stadt
Ritter und Kreuzzüge
Ablauf
Zum Leben der Ritter
Die Ritter
Der Ritter
Der 1. Kreuzzug
Spiel: Ritter und Kreuzzüge
Zu den Kreuzzügen
Erdkunde: Stadt und Land
Ablauf 1
Kennzeichen einer Stadt
Wir planen einen Stadtrundgang
Wissenswertes über München
Menschen in München
Eine Rallye durch München
In München gibt es viel zu sehen!
Ansichten München
Was weißt du über das Leben in der Stadt?
Begriffe, die zur Stadt gehören
Wir führen eine Kartierung durch
Ablauf 2
Aus dem Leben eines Bauern
Wir befragten einen Bauern
Freies Schreiben zum Thema: Leben auf dem Land
Bauern früher und heute
Arbeit und Urlaub auf dem Land
Begriffe, die zum Land gehören
Kreislauf: Vom Erzeuger zum Verbraucher
Wir erkunden ein Dorf
Rollenspiel: Leben in der Stadt oder auf dem Land
Planspiel: Ein Neubaugebiet ist geplant
Planspiel. Die Bürgerversammlung
Rund ums Land: Tipps und Ideen zum Kreativsein
Freies Schreiben: Meine Gedanken zum Thema

G • S • E 6, Bd. II
Nr. 693 *130* **Seiten DM 34,80**

GESAMTVERZEICHNIS 1998 SEKUNDARSTUFE

Stand Juli 1998

Lieferung nur zum Bruttopreis. Unsere Rechnungen sind nach Erhalt ohne Abzug zu bezahlen. Wir versenden grundsätzlich keine Frei- oder Ansichtsexemplare. Rücksendungen oder Umtausch sind ausgeschlossen, es sei denn es handelt sich um durch uns fälschlicherweise gelieferte oder fehlerhafte Exemplare. Preis- und Titeländerungen vorbehalten.

Reihe StB = pb-Stundenbilder(StB): Lehrskizzen, Tafelbilder, Folienvorlagen (FV) Arbeitsblätter (AB)
Reihe UP = pb-Unterrichtspraxis (vorwiegend Arbeitsblätter und Folienvorlagen)

● = Neuerscheinungen (lieferbar)
❍ = erscheint 1998
■ = verbesserte Neuauflage
✍ = nach neuer Rechtschreibung

Deutsch

pb-Stundenbilder StB

- 360 5./6. Schuljahr Band I 33,80
  Aufsatz und Rechtschreiben, 144 S.
- 361 5./6. Schuljahr Band II 33,80
  Literatur und Sprachlehre, 144 S.
- ■ 362 7. Schuljahr 36,80
  160 S., 25 StB, 40 AB, 33 FV ✍
- ■ 363 8. Schuljahr, *144 S., 24 StB* ✍ 33,80
- ■ 401 9. Schuljahr, *144 S., 24 StB* ✍ 33,80

Begleithefte zu aktueller Jugendliteratur

- ● 912 Jugendbücher 5./6., *104 S.*,✍ 29,80
- 913 Jugendbücher 7./8. 29,80
- 914 Jugendbücher 9./10. i. V.

Gedichte StB

- 209 5./6. Schuljahr 24,80
  84 S., 21 Gedichte mit 16 StB
- 427 7.-9. Schuljahr, *123 S., 17 Gedi.* ✍ 29,80
- 510 10. Schuljahr, *92 S., 10 Gedi.* ✍ 25,80

Sprachlehre UP

- ■ 220 5./6. Schuljahr, *124 S.* 29,80
- ■ 434 7.-10. Schuljahr, *136 S.*, ✍ 31,80

Aufsatz StB

- ■ 242 5./6. Schuljahr Bd. I ✍ 32,80
  Sachliche Darstellungsformen, 154 S.
- 243 5./6. Schuljahr Bd. II 34,80
  Erzählende Darstellungsformen, 152 S.
- ■ 864 7./8. Schuljahr, *160 S.*, ✍ 37,80
- ■ 865 9./10. Schuljahr, *160 S.*,✍ 37,80
- ● 910 Kreatives Schreiben 5./6. ✍ 27,80
  Techniken, Tipps, Schülerbeispiele
- ● 911 Kreatives Schreiben 7./10. ✍ 27,80
  Techniken, Tipps, Schülerbeispiele

Freies Schreiben/Stationentraining

- 908 5./6. Schulj. Rund um die Sonne 21,80
- 909 7./8. Schulj. Rund um die Luft 22,80

Unterrichtspraxis Rechtschreiben *in Nachschriften und Diktaten*

- ■ 213 5. Schuljahr, 112 S., ✍ 27,80
- ■ 214 6. Schuljahr, 112 S., ✍ 31,80
- ● 906 7./8. Schuljahr, 96 S., ✍ 27,80
- ● 907 9./10. Schuljahr, 96 S., ✍ 27,80
- 837 Mein Wörterbuch 5.-8. Kl. ✍ i. V.
- 838 Arbeitsheft zu „Mein Wörterbuch" ✍ i. V.

Minutenübungen (Kartei)

- 245 Wortschatz/Rechtschreibung 5. Schuljahr 24,80
- 246 Wortschatz/Rechtschreibung 6. Schuljahr 24,80

Literaturformen im Unterricht StB

- ● 568 Literatur/Lesen 5. / 6., *148 S.* ✍ 33,80
- 569 Literatur/Lesen 7. - 10., *144 S.* 33,80
- ● 356 Minikrimis 5./6., *48 S.* 21,80
  Detektive sind Benni, Lu und du
- 570 Kurzgeschichte; *120 S.* ✍ 29,80
- ● 826 Kurzgeschichte Bd. II, *96 S.* 27,80
- 571 Erzählung; *104 S.* 28,80
- 572 Fabel / Parabel / Anekdote, *160 S., 21 AB* ✍ 36,80
- 573 Märchen / Sage / Legende, *176 S.* ✍ 38,80
- ■ 574 Glosse / Satire ../ Schwank, *96 S.* ✍ 27,80
- 576 Autobiographie / Brief / Tagebuch 28,80
- 577 Novelle, *152 S.* 36,80
- 578 Roman, *176 S.* 38,80
- ■ 579 Lyrik, *136 S.* ✍ 32,80
- 585 Lyrik, Band II i. V.
- 580 Texte aus den Massenmedien, *144 S.* ✍ 33,80
- 581 Triviale Texte; *175 S.* 38,80

Kopierhefte mit Pfiff KP

Freiarbeit, offener Unterricht, Differenzierung

Deutsch — 5. / 6. Schuljahr

- ● 495 So macht Aufsatz Spaß, *72 S.* ✍ 24,80
- 497 Rechtschreiben I , *64 S., 30 AB* 19,80
- 498 Rechtschreiben II , *64 S., 30 AB* 19,80
- 480 Sprachlehre I, *64 S., 24 AB, 2 Tests* 22,80
- 481 Sprachlehre II, *64 S., 29 AB* 22,80

Deutsch — 7. / 8. Schuljahr

- ● 482 Aufsatz, *96 S*, ✍ 25,80
- ● 483 Sprachlehre, *96 S.* 27,80
- ● 487 Rechtschreiben 7.-10., *96 S.* ✍ 27,80

Deutsch — 9. / 10. Schuljahr

- ● 485 Aufsatz, *80 S.* ✍ 27,80
- ❍ 486 Sprachlehre i.V.
- ● 487 Rechtschreiben 7.-10., 96 S. ✍ 27,80

Arbeitslehre

- ■ 464 Urproduktion ✍ 26,80
- ■ 465 Handwerk ✍ 29,80
  127 S., 15 StB, 27 AB, 10 FV
- ■ 466 Industrie ✍ 28,80
  110 S., 12 StB, 28 AB, 10 FV
- ■ 467 Dienstleistungen 24,80
  82 S., 12 StB, 30 AB, 8 FV
- ■ 468 Der Verbraucher in der Sozialen Marktwirtschaft, *136 S.* ✍ 31,80
- ■ 469 VI Berufswahl ✍ 29,80
  128 S., 23 StB, 26 AB, 21 FV

Arbeitslehre StB

- ● 677 7. Klasse, *134 S.* ✍ 32,80
- ❍ 678 8. Klasse, ✍ i. V.
- 679 9. Klasse, ✍ i. V.

Mathematik

Mathematik StB

- 201 5./6. Schuljahr 33,80
  156 S., 38 StB, Natürliche Zahlen
- 340 7. Schuljahr 39,80
  194 S., 23 StB, 56 AB, 25 FV ✍
- 341 8. Schuljahr 39,80
  188 S., 22 StB, 60 AB, 22 FV ✍
- 342 9. Schuljahr, *200 S., 26 StB, 63 AB* 39,80

Geometrie StB

- 336 5.Schuljahr, *140 S., 22 StB, 59 AB, 9 FV* 32,80
- 337 6. Schuljahr, *116 S., 19 StB, 53 AB, 10 FV* 28,80
- 343 7. Schuljahr, *134 S., 19 StB, 41 AB* 31,80
- ■ 344 8. Schuljahr, *144 S., 24 StB, 42 AB* ✍ 32,80
- 345 9. Schuljahr , *146 S., 15 StB, 47 AB* 32,80

Mathematik UP

- 217 5. Schuljahr, *180 S.*, 37,80
  neue Arbeitshilfen mit vielen Kopiervorlagen
- 218 6. Schuljahr 34,80
  144 S. mit vielen Kopiervorlagen
- 233 Übungen und Rechenspiele 5 28,80
  112 S.
- 234 Übungen und Rechenspiele 6 28,80
  108 S.
- 454 Grundwissen Mathematik 5.-9. 9,80
  Formeln und Musterlösungen, 60 S.
- ■ 328 Lernzielkontrollen, Proben 7.-9. 26,80
  106 S. ✍

Mathe - Kartei 7. - 10.

- ● 854 Zuordnungen/Einführung 22,80
- ● 897 Zuordnungen/Weiterführung 22,80
- ● 855 Rationale Zahlen 27,80
- ● 830 Prozentrechnen/Einführung ✍ 29,80
- ● 856 Prozentrechnen/ Weiterführung 24,80
- ● 898 Zinsrechnen 24,80
- ● 899 Bruchrechnen 19,80
- ● 900 Flächen und Körper ✍ 32,80
- ● 901 Gleichungen ✍ 26,80
- ❍ 915 Regelmäßige Vierecke i. V.

Minutenübungen/Kartei

- 818 Rechnen 5. 24,80
- 819 Rechnen 6. 24,80

Kopierhefte mit Pfiff

Freiarbeit, offener Unterricht, Differenzierung

- 755 Fit mit Tricks in Textaufgaben 5./6., *64 S.* 23,80
- 489 Sachaufgaben 5./6., *64 S.* 23,80
- 491 Maßeinheiten 5./6., *64 S.* 23,80
- ● 492 Gleichungen 5./6. 23,80
- 493 Bruchrechnen 5./6. Klasse I, *64 S.* 23,80
- 494 Bruchrechnen 5./6. Klasse II, *64 S.* 23,80
- ● 729 Gripsfit 5./6. 22,80
- ● 873 Gripsfit 7.-10. 24,80

Geschichte

pb-Stundenbilder StB

- ● 840 Evolution, Steinzeit, Ägypten ✍ 38,80
- ■ 841 Griechenland/Rom/Völkerwanderung 34,80
  136 S. ✍
- ■ 211 Mittelalter 37,80
  160 S., 32 StB, 27 AB, 55 FV ✍
- ■ 312 Neuzeit b. Ende 18. Jahrhundert 39,80
  178 S., 22 StB, 39 AB, 21 FV ✍
- ● 831 19. Jahrhundert und Imperialismus 29,80
  Neubearbeitung 97, 112 S. ✍
- ● 832 1. Weltkrieg und Weimarer Republik 32,80
  Neubearbeitung 97 ✍
- ■ 461 Nationalsozialismus u. II. Weltkrieg 39,80
  184 S., 25 StB, 35 AB, 29 FV ✍
- ■ 833 Deutschland nach 1945, *112 S.* ✍ 33,80
- ■ 834 Internationale Konflikte nach 1945 ✍ 38,80
- 463 Aktuelle Zeitgeschichte Europa im Umbruch, *182 S.* 39,80

Geschichte-Quiz

Aufgaben - Rätsel - Begriffe für Lernzielkontrollen / Proben

- ● 810 Altsteinzeit b. Römisches Reich 26,80
- ● 811 Mittelalter 23,80
- ● 812 Neuzeit b. Ende 18. Jahrhundert 23,80
- ● 813 19. Jahrh. bis Weimarer Republik 25,80

Folien zum Geschichtsunterricht

- ● 670 Von der Steinzeit zu den Ägyptern 58,80
- ● 671 Griechische und römische Antike/ Germanen 49,80
- ● 672 Mittelalter 49,80
- ❍ 673 Neuzeit bis 18. Jahrhundert 39,80
- ❍ 674 19. Jahrhundert bis Weimar i.V.

Geschichten aus der Geschichte Zeitzeugenberichte als Lese- und Erzähltexte

- ● 816 Altsteinzeit b. Römisches Reich 24,80
- ● 817 Mittelalter 24,80
- ❍ 825 Neuzeit b. Ende 18. Jahrhundert i.V.